一本书读懂英国史

崔毅 ⊙ 编著

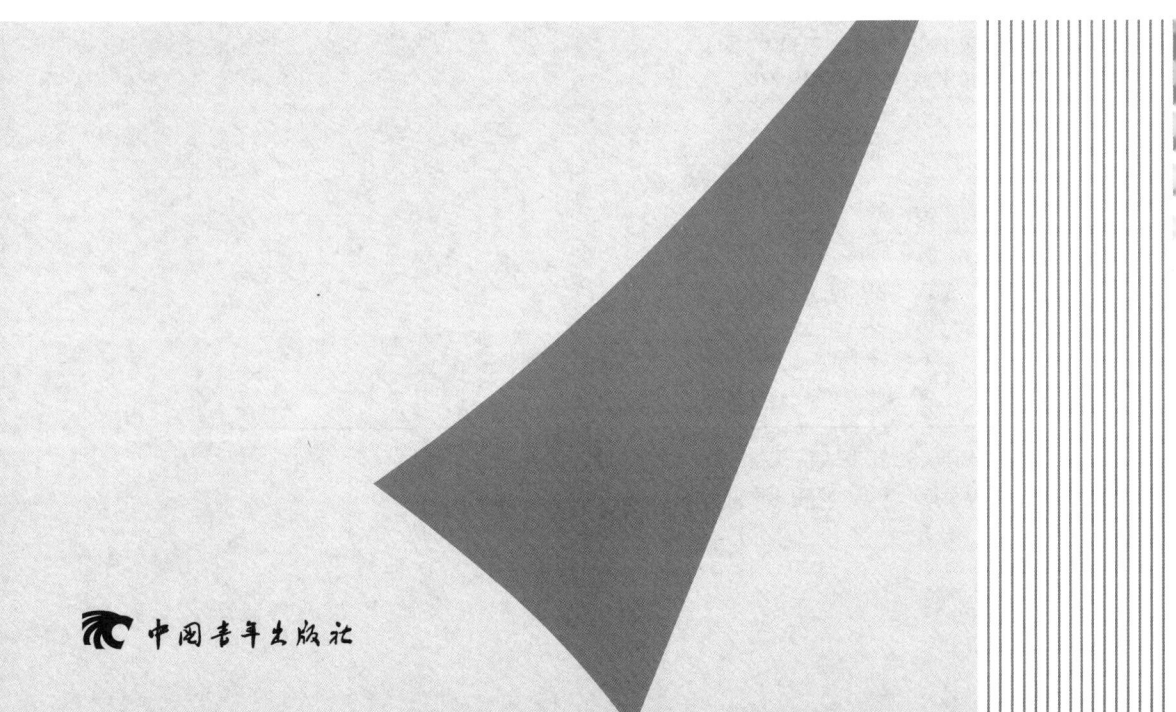

中国青年出版社

图书在版编目（CIP）数据

一本书读懂英国史 / 崔毅编著 . -- 北京：中国青年出版社，2023.7
ISBN 978-7-5153-7001-9

Ⅰ.①一… Ⅱ.①崔… Ⅲ.①英国—历史 Ⅳ.① K561.0

中国国家版本馆 CIP 数据核字 (2023) 第 133276 号

一本书读懂英国史

作　　者：	崔毅
责任编辑：	彭岩　刘晓宇
书籍设计：	贺伟恒
出版发行：	中国青年出版社
社　　址：	北京市东城区东四十二条 21 号
网　　址：	www.cyp.com.cn
编辑中心：	010 - 57350507
营销中心：	010 - 57350370
经　　销：	新华书店
印　　刷：	北京汇瑞嘉合文化发展有限公司
规　　格：	710mm×1000mm　1/16
印　　张：	18
字　　数：	230 千字
版　　次：	2023 年 8 月北京第 1 版
印　　次：	2023 年 8 月北京第 1 次印刷
印　　数：	1～5000
定　　价：	60.00 元

如有印装质量问题，请凭购书发票与质检部联系调换
联系电话： 010 - 57350337

引 言
PREFACE

　　如果我们能登临半空俯瞰，会发现一处形状如青蛙的岛屿。它位于北海西部、大西洋东北角，与欧亚大陆隔海相望。那姿态像是在等待千年未归的游子，又似乎是在聆听遥远的上帝之声。它的名字叫作"大不列颠和北爱尔兰联合王国"，一般称作"英国"。

　　英国国土面积只有24.36万平方公里，人口约6700万。正是这个国土面积不如日本，人口不及中国湖南省的岛国，率先进行工业革命，成为了世界上最强大的国家，这个纪录一直保持到20世纪初。

　　英国是欧洲科学和文化的中心，曾经拥有超过其本土面积上百倍的殖民地，有着打遍天下无敌手、不可一世的皇家海军。纵观整个世界的现代化进程，倘若缺少了"英国"的元素，将会是另一番局面。

　　著名科技史学家李约瑟生前提出："为什么工业革命没有发生在中国而是西欧的英国？""为什么资本主义和现代科学起源于西欧而不是中国或其他文明？"这一"李约瑟难题"寓意深刻、耐人寻味，它犹如科学王国一道复杂的"高次方程"摆在了世人面前，包括李约瑟自己在内的众多学者为此问题从各个角度给出了各种各样的答案，可谓"仁者见仁、智者见智"。这其中的奥秘何在？或许研读英国的历史，可以为我们解释分析这类问题，提供更全面而深入的思路。

"一战"后，这个自诩为"日不落帝国"的岛国逐渐丧失了它独步天下、执世界权力之牛耳的霸主地位。美国取代了它的位置，待"二战"结束，它引以为豪的全球影响力在第三世界争取独立的浪潮中彻底崩溃。历史本身的起承转合总是带有某种偶发性与突然性，当然，事物的发展自有其规律，英国正是在这种规律中脱胎换骨的。

本书作为英国历史的一个剪影，想为读者勾画出英国历史发展的大致轨迹，在章节安排上，试图突破原有史书把英国史简化为英格兰史的局限，增加了一部分威尔士、苏格兰与爱尔兰的内容，通过专题等形式展现英国丰富多彩的文化风俗，在史学观点方面尽量采用学术界最新的研究成果，为读者展现出更为全面与新颖的英国史概貌。

目 录
CONTENTS

第一章　早期英格兰
　第一节　不列颠文明的开拓者　　002
　第二节　罗马人入侵　　005

第二章　盎格鲁－撒克逊时期
　第一节　盎格鲁－撒克逊人入主不列颠　　012
　第二节　七国时代　　016
　第三节　阿尔弗雷德大帝　　020
　第四节　丹麦金与丹麦人的统治　　026
　专　题　英国贵族　　031

第三章　从诺曼征服到玫瑰战争
　第一节　诺曼征服　　036
　第二节　亨利二世主持的司法改革　　042
　第三节　"狮心王"的传奇人生　　047
　第四节　自由的奠基石——《大宪章》　　051
　第五节　议会制度的起源　　056
　第六节　征服威尔士与苏格兰的战争　　061
　第七节　历时最长的战争——英法百年战争（上）　　067
　第八节　历时最长的战争——英法百年战争（下）　　072
　第九节　玫瑰战争的始末　　075

第四章　都铎王朝与斯图亚特时代

　　第一节　亨利七世的勤勉创业　　082

　　第二节　亨利八世与英国宗教改革　　086

　　第三节　血腥玛丽　　091

　　第四节　伟大的伊丽莎白女王　　096

　　第五节　女王的"海狗"　　102

　　第六节　"无敌舰队"的覆灭　　107

　　专　题　最受欢迎的英国作家：莎士比亚　　113

第五章　革命与变革

　　第一节　推翻国王的暴政——英国革命　　118

　　第二节　叱咤风云的统帅——克伦威尔　　123

　　第三节　天主教复辟的失败——"光荣革命"　　130

　　第四节　工业革命　　136

　　第五节　两党制的确立与工党的崛起　　142

　　专　题　诗坛双圣——拜伦与雪莱　　146

第六章　日不落帝国的兴衰

　　第一节　殖民侵略的急先锋——东印度公司　　152

　　第二节　海军军神纳尔逊　　157

　　第三节　开辟帝国的新领地——库克船长的探险历程　　162

　　第四节　黑奴的泪与血——罪恶的黑奴贸易　　168

　　第五节　金矿争夺战——英布战争　　174

　　第六节　大饥荒的后果——爱尔兰的分离独立　　179

　　第七节　盛世时代的女王——维多利亚　　184

　　第八节　日不落帝国的余晖——英联邦的建立　　191

　　专　题　亚当·斯密与《国富论》　　196

第七章　英国与两次世界大战

第一节　厘清敌友——协约国的建立　　200
第二节　英国与第一次世界大战（上）　　205
第三节　英国与第一次世界大战（下）　　210
第四节　姑息养奸的"绥靖政策"　　216
第五节　英国与第二次世界大战（上）　　222
第六节　英国与第二次世界大战（下）　　227
第七节　一代贤相——丘吉尔　　233
专　题　名门名将——蒙巴顿勋爵　　238

第八章　当代英国的发展

第一节　分崩离析的大英帝国　　244
第二节　国有化、福利国家与英国病　　248
第三节　英国"铁娘子"——撒切尔夫人　　252
第四节　苏格兰问题的历史缘由　　257
第五节　牡蛎中的沙粒：英国与欧洲大陆的历史纠葛　　263
专　题　英国王室　　269

附　录　英国君主列表　　275

第一章

早期英格兰

比起埃及、巴比伦、印度、中国等文明古国，英国算不上很古老的国家，它在公元前2000年才进入铜器时代。在远古的英国，伊比利亚人和凯尔特人相继成为英伦三岛的主人，公元1世纪罗马帝国凭借强盛的国力与军事力量征服了这一地区，至此英国才有了文字记载的信史。但随着罗马帝国的衰落，罗马人退出了英伦三岛，英伦三岛再度成为蛮荒之地。

第一节　不列颠文明的开拓者

早在25万年前,早期人类就经由连接不列颠与欧洲大陆的路桥来到了不列颠岛。当时居民以狩猎为生,直到公元前4000年农业才开始出现。此后欧洲大陆的其他种族不断入侵并移居不列颠岛,把欧洲大陆的文化和先进的农耕技术带到这里。在不同文化的碰撞与融合过程中,英国的文明社会产生并发展起来。

(一) 伊比利亚人的世界

伊比利亚人(Iberians)最早来到不列颠岛生活,他们一部分是原先居住在欧洲西南伊比利亚半岛上的部落,后源源不断地渡海来到不列颠,还有一部分是从今天的法兰西、荷兰、德意志以及斯堪的纳维亚半岛分批涌来。在凯尔特人之前迁居不列颠的这些民族被后人统称为伊比利亚人。

伊比利亚人通过辛勤劳动,跨进了文明社会的门槛。他们用鹿角刨地,用肩胛骨铲土,开挖二三十英尺深的井穴,采掘出宝贵的燧石用来取火,并制作出各种工具。公元前2000年左右,不列颠从石器时代过渡到青铜器时代,公元前1000年后进入铁器时代。其间,伊比利亚人驯养畜群,学会耕织冶炼,还能制造长船和战舰,形成了较高级的社会组织。

(二)凯尔特人的社会

公元前7世纪至公元前3世纪,原先居住在德国西北部和尼德兰的凯尔特人萌发出强烈的迁居热情,他们进行了历时长久而影响深远的民族大迁移,成群结队涌入法国、意大利、西班牙和巴尔干半岛。在这一漫长的移民过程中,凯尔特人把伊比利亚人赶到英格兰西北部的山地,迫使余下的伊比利亚人向其臣服,而先来的凯尔特人与后来的同族人之间也彼此争战,呈现出一幅复杂生动的历史景象。

在诸多凯尔特部落中,较强大的一支称为布立吞(Britons),或许这就是不列颠岛名称的由来。凯尔特人身材高大,头发大多是金黄色或火红色。他们虽属同一种族,但方言各不相同,群体之间互怀敌意。凯尔特人和伊比利亚人一样,以部落为单位,聚族而居,各部落选举酋长作为领袖,并靠血缘关系的纽带维系氏族成员的感情。凯尔特部落彼此混战,无休无止,一直延续到罗马军团大举进攻之时。

凯尔特人过着农耕、渔猎与畜牧相混合的生活,他们已经掌握了成熟的冶铁技术,铁器的使用进一步促进了农业的发展与交换的进行,不久铁制的货币开始出现。他们在北方种植燕麦,在南方种植小麦,但当时的农业不太发达,主要是因为耕地有限,原始森林仍然占据着广大地区,而今繁华兴旺的泰晤士河流域,当年还是人烟稀少的沼泽地。

◎凯尔特圆屋

凯尔特人没有完全摆脱游牧民族的习性，仍以肉食为主，依赖放牧业。他们也掌握了简单的纺织技术，毛皮衣物已经开始使用，牛羊是他们的重要财富和贸易物品，成群的骏马主要被驯养作征战之用。不列颠东南部有大片牧场和上等的粮食产地，沿海地区贸易兴盛，尤为富裕。

公元前1世纪，不列颠东南部的凯尔特人与高卢北部的兄弟部落有着密切的政治经济交往。当获悉罗马人征战高卢当地凯尔特部落的消息后，他们立即渡过海峡主动迎击强敌。这样，罗马野心勃勃的执政官恺撒就找到了入侵不列颠的借口，不列颠的凯尔特人面临着严峻的考验。

第二节 罗马人入侵

在电影《亚瑟王》中，一道近似中国长城的高墙曾多次出现，这道高墙就是哈德良长城，是罗马帝王哈德良统治时期在不列颠修筑的防御工事。如今这里和中国的万里长城一样成了家喻户晓的名胜古迹，透过雄伟壮观的哈德良长城，我们可以了解到当年辉煌灿烂的罗马文明对不列颠岛的影响。

（一）恺撒来袭

伊比利亚人与凯尔特人虽然是不列颠文明的开拓者，但他们都没能留下文字记录。一直到公元前55年，罗马统帅恺撒率军入侵不列颠岛，不列颠文明才有了正式的文字记录。

尽管当时罗马还是实行共和制，但军事统帅恺撒凭借卓越的军功，已建立起有效的军事独裁统治，并获得了"恺撒大帝"的称号。在残酷镇压了高卢地区的凯尔特人的反抗后，恺撒又把侵略的矛头指向了相邻的不列颠岛。

对征战在高卢的罗马军队来说，不列颠似乎是遍地是珍珠的神秘世界。而对于恺撒来说，入侵不列颠，不仅可建立新的战功，还能掠夺粮草财物补充军需。于是，公元前55年8月的一个夜晚，刚刚就任高卢总督的恺撒，统率两个军团1.2万余人，从法国出发，乘坐80艘战船，浩浩荡荡渡海远征不列颠。

◎恺撒来袭

海峡对面,凯尔特的战士早已严阵以待。不待刚上岸的敌人稳住阵脚,凯尔特人的骑兵和战车已率先冲锋陷阵,满山遍野的步兵随后扑将下来,向滩头阵地的敌军展开猛攻。这些被罗马人称为"蛮族"的凯尔特人,长发披肩,兽皮裹体,让罗马人不寒而栗。凯尔特人的战车在骑兵配合下纵横驰骋,奋力劈杀,罗马的军队一时间乱了阵脚。但身经百战的恺撒最终还是率领罗马军士离船抢滩,进攻凯尔特人防守较薄弱的侧翼,并迅速扩大战果。这时罗马军队严明的军纪发挥了重大作用,当罗马军队迟疑不前时,一位手持黄铜色鹰旗的军士喊道:"随我来,罗马的勇士们,不要让光荣的罗马军旗落入敌人手里,我们应尽到作为罗马共和国公民应尽的职责。"一时士气大振,罗马军队迅速扭转战局,击溃了凯尔特人的进攻。凯尔特人被迫后退,并遣使求和。而这时罗马的后援部队因暴风雨阻挡没能按时增援,且罗马军队的口粮也快吃完了,恺撒只得罢兵,返回高卢。

第二年天气转暖后,恺撒率领2000骑兵和5个军团共2万余人再度入侵不列颠。和上次一样,他们很快击溃了凯尔特人的反击,顺利登上不列颠岛,并深入到内陆地区。凯尔特的各个部落联合起来,推举卡图维拉尼部落的酋长卡西维拉努斯(Cassivellaunus)为军事指挥官以抵抗罗马人的侵略,但由于他们武器装备落后,远不是装备精良、训练有素的罗马军团将士的对手,卡西维拉努斯率领的军队很快被击溃消灭。而这时高卢刚好又传来当地凯尔特人发动暴乱的消息,恺撒无心恋战,只得和卡西维拉努斯议和，再一次率军返回高卢。

尽管恺撒没能占领不列颠，但这两次战斗充分显示了罗马军团的力量，致使不列颠的凯尔特人再也不敢干涉高卢的事务。此后100年间，一些罗马商人与平民陆续从高卢移居到不列颠，罗马文明开始逐渐渗入不列颠。

（二）克劳狄的征服

43年，罗马帝国第四位皇帝克劳狄（Claudius）为巩固自身统治地位，迫切希望建立军功，罗马的将领更是垂涎不列颠的土地和财富，还未臣服的不列颠就此成为罗马对外扩张最理想的目标。

克劳狄任命普劳蒂（Plautius）为统帅，率领四个军团及辅助部队共计4万人出征不列颠。这次进攻异常顺利，罗马人兵分三路登陆不列颠岛，不但没有遇到海上风浪，而且岛上的凯尔特人也没怎么防备。就这样罗马军队很快占领了沿海大部分地区，并迅速向内陆地区深入。为鼓舞士气，克劳狄本人也御驾亲征，来到不列颠督阵，罗马军队在短短数年里席卷了不列颠岛大部分平原与森林地区，一直进攻到威尔士山区的边缘与英格兰的西北山地。自此，不列颠沦为了罗马帝国的属地，罗马皇帝把不列颠划作罗马帝国的一个行省，派驻总督统理

◎罗马帝国第四任皇帝克劳狄雕像

一切。

当然，罗马人的统治也不太牢固，罗马人始终无法完全控制苏格兰。60年又爆发了部落王后波迪卡（Boadicea）领导的大起义，起义的凯尔特人击溃了罗马第七军团，攻克伦敦等城市，杀死7万多罗马人及归顺罗马的凯尔特人。罗马军队很快从各路赶来，最后镇压了起义军，波迪卡服毒自尽，8万多起义军也都被罗马人杀害。数十万人的鲜血终于迫使罗马人对不列颠采取了相对柔和的统治方法，一度实行诸如均平赋税、革除贪官、鼓励建筑、发展教育、推广拉丁语的政策，不列颠的土著居民逐渐开始效仿罗马人的生活方式，从而巩固了罗马人在当地的统治。

由于凯尔特人屡屡进攻罗马人控制的地区，罗马皇帝哈德良决定在英格兰北部的细腰部位，修建一道从东海岸到西海岸的防卫城墙，史称"哈德良长城"（Hadrian's Wall）。哈德良长城最终在128年建成，长120公里，高4米，连接17座要塞、80多座炮台和百余个烽火台，由1.5万名罗马军士守卫着。

在哈德良长城的南面，罗马人为巩固其统治及方便当地的交通与贸易活动，修筑了以伦敦为中心，通向东、东北、西、西北和北方五个方向的大道，史称"罗马大道"。

在罗马统治期间，不列颠成为罗马的粮仓，大批粮食运往欧洲大陆。当时不列颠的毛纺织业非常有名，大量的手工业者聚集到城镇，不列颠出现了历史上第一次城市化，伦敦成为不列颠岛与欧洲大陆进行经济交往的交通枢纽，此

条条大道通罗马

罗马大道的修建最初是为了战争的需要，以便与别国开战时各军团能迅速地调集到首都，然后奔赴各自的战场。罗马帝国建立之后，罗马大道又成了古罗马帝国的经济命脉，大大促进了农业、手工业和商业的发展，也促进了罗马和世界其他文明中心的交流。

外，还涌现了格洛斯特、林肯等自治城市。城市大多仿照罗马模式，建有商店、旅社、浴室与戏院。随着罗马人的涌入，拉丁语开始在岛内流行，2世纪后，基督教也传入不列颠岛。据估计，岛上人口在此时大致稳定在100万以上。

3世纪末期，罗马帝国在政治与经济上已然是危机重重，蛮族的入侵更是给罗马帝国以致命打击，原来固若金汤的哈德良长城也一再被苏格兰人所攻破。398年，为集中力量抵御西哥特国王阿拉里克的入侵，罗马军队统帅命令撤回在不列颠的大部分驻军。407年，剩下的罗马军队在君士坦丁的带领下离开英国到高卢参加争夺王位的战争，罗马人在不列颠的统治就此结束。

巨石阵

巨石阵是欧洲著名的史前时代文化遗址，位于英格兰威尔特郡索尔兹伯里平原，主要由许多整块的蓝砂岩石柱组成，每块重约50吨，高8米。巨石阵的主体是几十块巨大的石柱，这些石柱围成几个完整的同心圆，巨石阵的外围是直径约90米的环形土沟与土岗，内侧紧挨着56个圆形坑。整个巨石阵体现出高超的土木建筑技术，还暗合了很多天文学知识。

英国研究人员最新成果显示，英格兰西南部的史前"巨石阵"可能是一个古代王室墓地，建造于公元前3000年到公元前1600年，属于新石器时代末期到青铜时代。同时，还有研究者认为巨石阵曾是当地的病人疗伤之地，这些患者认为巨石阵具有神奇的治疗功能。研究者表示，现在的发现与此前关于巨石阵曾是天文台、墓地等说法并不冲突，几千年来，它很有可能衍生出多种用途。

另据估算，以当时的生产力水平，建造巨石阵需要至少3000万小时的工时，相当于1万劳动力工作整整一年。

◎巨石阵

第二章

盎格鲁－撒克逊时期

　　罗马人一走，原来居住在易北河口一带的盎格鲁－撒克逊人开始大举进攻不列颠，并很快征服了当地的凯尔特人，他们大肆破坏，造成约200年的黑暗时代。随后在七八世纪，盎格鲁－撒克逊人各部落经分化组合，逐渐形成了七个王国，互争雄长。这时原住在北欧丹麦半岛的维京海盗不断侵袭英国，双方互有胜负。最后，经过谈判，双方划江而治，把英国分为丹麦人辖区和英格兰人辖区两部分。到11世纪初，维京人再度大举进犯，成功征服了英国，建立了短暂的包括不列颠和斯堪的纳维亚的北海帝国。

第一节　盎格鲁-撒克逊人入主不列颠

除了土著凯尔特人和罗马移民的后裔之外，现代英国人的祖先还有一部分是从西欧大陆渡海进入不列颠的盎格鲁-撒克逊人，他们是古日耳曼人的一支。一般说来，在5世纪以前，英国被称为"布列吞"，自盎格鲁-撒克逊人到来以后，才称为"英格兰"，其含义是"盎格鲁人的土地"。

（一）渔夫兼海盗

罗马人的撤离给不列颠留下了权力真空，一时间出现群龙无首的混乱局面，这时来自今天德国西北部与丹麦一带的盎格鲁-撒克逊人（Anglo-Saxon）乘虚而入，成为不列颠的新主人。盎格鲁人与撒克逊人的语言、习俗差别极为细微，有些史学家断定两者属于同一个种族，而另一些史学家认为他们是两个不同的种族，更多的人则无意仔细考辨，统称二者为盎格鲁-撒克逊人。

大多数盎格鲁-撒克逊男子在北海从事渔猎，他们长年累月跟暴风海浪搏

◎凯尔特女子服饰

斗，磨炼得顽强粗犷。他们时常成群结队以海盗的面目远航劫掠，具有很强的组织纪律性。早在287年，盎格鲁－撒克逊人就开始掠夺不列颠沿海地区，到429年，他们已经深入不列颠腹地。凶狠好斗的盎格鲁－撒克逊人最终把土著凯尔特人驱赶到遥远的西北山区，尽管传说中的亚瑟王曾联合不列颠部落进行了英勇无畏的抵抗，但结果还是惨败在骁勇善战的盎格鲁－撒克逊战士手下。

◎ 7世纪盎格鲁－撒克逊首领的头盔

盎格鲁－撒克逊人的入侵对罗马统治时期建立的社会制度、经济、文化造成极大的破坏，他们像屠夫宰杀羔羊般杀戮当地土著，并疯狂掠夺土地和财产。不列颠罗马统治区遭受了惨绝人寰的灾难，基督教文明、拉丁语和凯尔特语几乎顷刻之间烟消云散，土著人与罗马人互不逾越的分界线也被冲得无影无踪。大获全胜的盎格鲁－撒克逊战士马上把他们的妇孺眷属接来海岛落户，从此盎格鲁－撒克逊成为不列颠的新主人。盎格鲁－撒克逊人在岛上富饶的农业区全面取代了凯尔特人和罗马人，他们的语言、性格以至社会习俗成为英国现代文明的"正宗"。

（二）英雄时代

到7世纪上半叶，盎格鲁－撒克逊人基本上控制了不列颠岛富裕的东南部地区，而原来的土著凯尔特人则被驱赶到不列颠岛的北部和西南部的山区。当时的盎格鲁－撒克逊人正处于原始社会末期的军事民主制阶段，这一阶段被称为"英雄时代"。在盎格鲁－撒克逊人的社会里，最有力的人际纽带是国王和战士间的主从关系。部落战士跟随部落首领即"王"四处征战，抢夺财富和土地，国王则将战利品分发给亲兵作为回报。盎格鲁－撒克逊人刚来到不列颠时主要经营畜牧业，后来转而从事农耕，把被征服的凯尔特人收为奴隶，自此，盎格鲁－撒克逊人的社会组织单位不再是氏族，而是以村落为主。

在英雄主义文化价值观和掠夺财物的现实需要的推动下，盎格鲁－撒克逊人继续向不列颠未被征服的地区推进。到650年左右，他们在英格兰已建立了许多小王国，其中最重要的有七个：北部地区的诺森布里亚，

亚瑟王与圆桌骑士

亚瑟王和圆桌骑士的故事在英国家喻户晓，就好比中国的《三国演义》和《水浒传》中的经典故事。

根据古老的传说，亚瑟（King Arthur）是国王尤瑟·潘德拉贡（Uther Pendragon）之子。亚瑟一出生，就被交给术士墨林（Merlin）加以保护。墨林把他交给了赫克托（Ector）爵士，后者把他当作自己的亲生儿子养大。尤瑟死后，亚瑟拔出了嵌在一块巨石中无人能移动的宝剑，证明他是先王的子嗣，从而继承了王位。亚瑟不但有天赋的神力，而且拥有远大的志向，当年轻的他看到国家这种混乱的现状时，发誓要通过自己的努力让整个大不列颠群岛摆脱混乱的战争局面，他下定决心要为这里的人民建立一个全新的、和平安宁的家园，成就自己的一番霸业。

亚瑟王后来在卡米洛城堡主持朝政。亚瑟身边聚集了许多健壮而勇敢的骑士，他们都平等地坐在一张大圆桌的周围，所以他们被称为圆桌骑士。亚瑟王四处征战，他率领各部落在名为巴顿山之役的战役中一举击溃了入侵不列颠的盎格鲁－撒克逊人，成为中世纪不列颠的传奇人物。但是，亚瑟王的形象也随着传说故事而不断发生着变化，最后亚瑟被塑造为最后统治不列颠之王。

◎ 亚瑟王

中部地区的麦西亚，东部沿海地带的东盎格利亚、肯特、埃塞克斯，南部地区的威塞克斯和苏塞克斯，不列颠进入"七国时代"。这一时期持续了二百多年，这七个国家和中国东周时期的战国七雄一样，彼此合纵连横，相互争夺势力范围，势力此消彼长，有时一个国王统治两个以上的王国，有时一个王国又分属于几个不同的统治者，不列颠就此陷入一片血雨腥风之中。

第二节 七国时代

和我国的战国七雄一样，当时英格兰的七个王国也是相互征战，争斗不已，不列颠岛告别了罗马时代的安逸祥和，陷入一片血雨腥风之中。人们在动荡不安的环境里迫切需要寻求心灵的慰藉，欧洲大陆盛行的基督教很快在不列颠传播开来。

（一）基督教的传播

传说在585年，当时的罗马修士格列高利（Gregory）在罗马奴隶市场上看到几个金发碧眼的盎格鲁-撒克逊青年，得知他们仍是异教徒后感慨万千。格列高利立即恳请教皇派他去不列颠传播基督教，教皇因爱其贤能而不忍放行。等格列高利当上教皇后，得知七国中肯特王国的国王艾塞伯特娶了一个信仰基督教的法兰克公主，于是在597年派密友奥古斯丁带领40个罗马教士，到肯特王国的首都坎特伯雷传教。艾塞伯特觉得利用基督教可以有效加强自己的统治地位，因而于598年受洗入教，并出巨资重建了坎特伯雷大教堂，从此坎特伯雷成为英国历代基督教会的

◎奥古斯丁画像

中心。601年,奥古斯丁成为坎特伯雷第一任大主教。

在各国君主宗教政策的示范下,基督教得到迅速传播,许多居民成为基督教徒,教堂和修道院也陆续建立起来。663年,各地教会要员在约克郡的惠特比集会,就当时基督教徒之间对于像复活节日期之类的分歧进行讨论和表决,形成了较为一致的意见。通过这次会议,英格兰在全国统一之前先实现了教会的统一。

(二)群雄争霸

七国为扩充疆域和争夺霸权征战不止。肯特国王艾塞伯特先成霸主,但因国土狭小,资源贫乏,霸业难以长久,632年被诺森布里亚王国所取代。而后诺森布里亚王国的三代君主艾德温、奥斯瓦尔德与奥斯威称雄数十年,被尊为英吉利的"最高统治者",附近各国纷纷俯首称臣。但由于地理位置不利——各个方向都容易受到邻国的进攻,以及国力不强等,它的霸主地位受到威胁,难以长期持续。

到8世纪,七国的霸主地位转移到麦西亚国王手中。716年,麦西亚国王埃塞尔巴德(Aethelbald)已经控制了埃塞克斯和伦敦,其继承者奥发(Offa)是麦西亚最有成就的国王,也是阿尔弗雷德大帝之前最强大的英格兰国王。奥发于764年吞并了肯特王国,771年又取得苏塞克斯王国和黑斯廷斯(英国濒临加莱海峡的城市),其统治疆域达到现在约克郡以南的大部分英格兰地区,被尊为"盎格鲁之王"。他的王国发行刻有他的

◎奥发雕像

名字和"英格兰国王"称号的制作精良的钱币,这种银便士在他死后在海外通行达500年之久。

出于防御北方凯尔特人入侵的目的,奥发曾派人修筑了一堵从麦西亚到威尔士的土墙(史称"奥发墙"),这是整个盎格鲁-撒克逊时期最大的公共工程,经过1200年风雨冲刷之后仍然残存。奥发还是英国史上第一个造册征收贡赋的国王,这种册籍史称"海得贡赋册"。

796年奥发死后,麦西亚也开始衰落,代之而起的是威塞克斯王国。9世纪初,威塞克斯国王埃格伯特在埃兰丹尼(Elladune)一战打败了麦西亚王国,并使其他几国都臣服于他,他被尊称为"不列颠之王"。

英格兰列国君主互相竞雄长达二百余年,争伐不断,民众深受其害。但从长远来看,还是有其积极的一面,一个王国霸主地位确立后,可以凭

史诗《贝奥武夫》是一部怎样的著作?

《贝奥武夫》(Beowulf)是英国文学史上第一部重要的民族史诗,也是欧洲最古老的方言史诗,被视为英格兰文学的起点。该史诗大约于725年在英国完成,其作者已无从查证。这首诗作长达3183行,用古英语写成,讲述发生在北欧一个王国的国王贝奥武夫惩恶扬善的英雄故事。虽然历史上并未证实确有贝奥武夫其人,但诗中所提及的许多其他人物与事迹却得到印证。全诗分为两部分。第一部分以神话中的英雄、主人公贝奥武夫先后战胜巨怪格伦德尔母子的英雄事迹为主要线索,描述了主人公年轻时见义勇为、斩妖除魔的光辉事迹。第二部分记述他成为国王后励精图治,晚年再披战袍勇斗喷火巨龙直至战死沙场的英雄壮举。

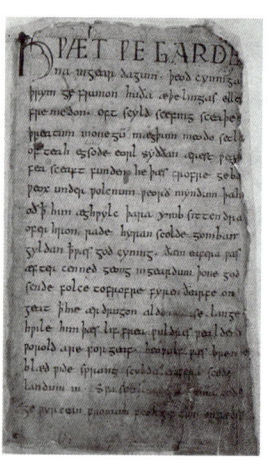

◎《贝奥武夫》首页

借其威慑力制服异己，这在一定时间内会相对减少各国间的军事摩擦，维系安定的社会局面，促进经济交流。基督教使不列颠的七个王国在精神上统一起来，七国在政治上的统一已是大势所趋。当然，英格兰七国的最终统一还是在反抗北方丹麦海盗入侵的过程中实现的。

第三节 阿尔弗雷德大帝

> 他是一位最温柔、最公正、最慈善的国王。他击退丹麦人,驰骋海疆,发扬学识。他发明陪审制度,惩治腐败,捍卫独立。他是英国宪法的奠基人。
>
> ——英格兰威塞克斯王国国王阿尔弗雷德大帝墓碑文

(一)维京海盗

当英格兰诸国向着统一的方向蹒跚而行时,北欧斯堪的纳维亚半岛的北方人,仿效数百年前盎格鲁-撒克逊部族的做法,进犯不列颠。这些人又被称为维京人(Vikings),vik指的是小港湾,viking则是掠夺港湾沿岸的意思。英格兰人称这些人为丹麦人(Danes),因为他们是从丹麦来袭的。

在古代与中世纪,人们历来对海盗持有鄙夷与厌恶的态度,然而对于彪悍的北欧人来说,海盗却是男子汉大丈夫的伟业。维京人是勇敢善战的民族,其迁徙不只是为了掠夺土地,更主要的是为了掠夺战利品。他们性格残暴,野蛮无礼,奉行弱肉强食的个人主义原则。他们往往乘春季的第一阵东风,乘坐长75英尺、架设16对桨、右边有驾驶座的龙头战舰,身着铠甲头盔,手操盾牌和铁战斧,从海上飞驰而来。

789年夏季的一天,三艘海盗船在多尔切斯特海港靠岸,疯狂抢杀后,带着战利品扬长而去。四年后,另一支丹麦舰队骤然来临,侵入诺森布里亚地区的一个富裕的修道院，杀死了大部分修士，把教堂的圣器洗劫一空。就这样，一场场残酷的斗争开始了，英国自此进入了长达250年之久的"维京时代"。

当英格兰的财富被抢劫殆尽之后，维京海盗把目光从金银财宝转向英格兰肥沃的土地，开始尝试一种定居的生活方式。867年，他们包围并攻克了约克城，推翻了盎格鲁-撒克逊人在诺森布里亚王国的统治。867年冬，又进军麦西亚王国，占领其大部，并开始进攻威塞克斯王国。

◎ 11世纪绘画中的维京人

（二）英勇抗敌

阿尔弗雷德（Alfred）于849年出生在伯克郡，是威塞克斯王国的小王子，从小就随父亲到罗马朝圣，聪颖好学而为当时的教皇所喜爱。父王死后，他的兄长埃塞列德（Ethelred）即位，阿尔弗雷德协助兄长不断与维京人周旋，并在869年帮助麦西亚王国击溃了维京人的进攻，此后在不列颠形成了威塞克斯、麦西亚与维京人三足鼎立的局面，七国时代至此宣告终结。

871年4月，埃塞列德病故，虽然他有儿子，但阿尔弗雷德凭借其赫赫战功得到贵族们的信任和拥戴，22岁的阿尔弗雷德被"贤人会议"推举为国王。

在他最开始统治的七年里，他用大部分的时间与精力来对付维京人

◎牛津大学图书馆的阿尔弗雷德大帝画像

的入侵。这七年是他最为困难之期,泰晤士河以北尽入维京人之手。877年冬,维京人又一次来袭,占领了威塞克斯王国大部分领土,威塞克斯人大部分表示臣服,一部分逃往海外。阿尔弗雷德则进入最难行走的威塞克斯西部地区。

在这里,阿尔弗雷德率众进行艰苦卓绝的抵抗,相传在一场激战之后,他举目四顾,尸横遍野,自己竟成了孤家寡人。他定了定神,咬紧牙关,马上去寻找其他部队,准备东山再起。他穿过树林,越过原野,奔波了几个小时,终于看到了一栋小小的农舍,于是他就走上前去像乞丐一样向农妇讨要食物。农妇虽然收留了他,却要求他帮忙照看正在烤制的面包。没想到阿尔弗雷德填饱了肚子,却烤焦了农妇的面包,浓浓的焦臭味使他联想起国家已被维京人焚烧成一片焦土,自己的臣民正在血泊中呻吟挣扎,而身为一国之王,他有责任重新集合军民拯救国家,在废墟上重建家园。于是阿尔弗雷德辞别农妇,避居到一个小岛,为蓄积力量、东山再起而日夜辛劳。在他百折不挠的精神鼓舞下,威塞克斯各地的贵族跋山涉水聚集到他身旁。

经过多方努力和准备,他于876年5月率领各地民军,在爱丁顿地区与维京人激战,并取得战略性胜利。维京人的首领哥斯仑拼命砍杀逃退下来的士兵,却终究无法扭转兵败如山倒的局面,不得已向阿尔弗雷德乞降。不久双方签订和约,维京人答应阿尔弗雷德提出的皈依基督教的要求，和约规定以伦敦向西北延伸到彻斯一线为界，原来北方的诺森布里亚、东盎格利亚、麦西亚三个王国不复存在，成为维京人统治的"丹麦区"，实行丹麦的法律，而包括伦敦在内的南部四国则由阿尔弗雷德统一治理，威塞克斯王国的疆域有所扩大，整个不列颠有了相对稳定的生活环境。885年，阿尔弗雷德主动出击，攻克伦敦，把伦敦建成一座坚固的城堡。

作为一位精明强干、有远见卓识的军事家，阿尔弗雷德不仅有坚韧不拔的战斗精神，而且目光远大，善于采取行之有效的战略性军事措施。他创设了一支强有力的海军，借以控制不列颠沿岸的海域，切断维京入侵者的后勤供应。他还在国内广建要塞，阻挡住维京人的入侵锋芒。阿尔弗雷德在征战过程中体会到单单依靠农民组成的步兵，难以对付彪悍凶恶的维京人，于是他着手组建精锐的骑兵。这种直接跨在马背上的骑兵比古代不列颠的战车兵更机动灵活，能在多种地理环境下纵马驰骋，进退自如。

足智多谋的阿尔弗雷德

为对付维京人，阿尔弗雷德决定只身涉险，化装混入维京军营打探虚实。阿尔弗雷德多才多艺，因此无论走到哪里都能博得阵阵掌声。时间一长，他终于发现了维京人的弱点，他们没有长期的作战计划，靠掠夺维持后勤供应，不能支持长期作战。根据这些情报，阿尔弗雷德制定了主力坚壁清野，小股部队四处骚扰巡逻，使维京人不得休息，不能顺利抢粮的策略，逐渐削弱维京人的力量。在这一正确战略指导下，英国军队逐渐挽回颓势，开始向维京人反攻。

（三）以文治国

阿尔弗雷德勤奋好学、博古通今，是该时期英格兰屈指可数的学者之一。为了切实做到以文治国，他不遗余力，大力发展文化教育事业。

阿尔弗雷德没有沉溺于武功的喜悦,他深沉的目光里隐现出思虑和担忧:拥有成千上万的精兵强将固然重要,但知书达礼的辅臣寥寥无几,作为古典基督教文化钥匙的拉丁语,在英格兰非神职人员中几乎没有人能掌握,偌大的一个国家岂能依靠这些目不识丁的官员进行治理?于是阿尔弗雷德着手创建贵族子弟学校,不惜花重金厚礼从英格兰、威尔士和欧洲大陆延聘著名学者教授拉丁语,讲解各种知识学问,还组织学者把拉丁文古典作品译成盎格鲁-撒克逊语。

阿尔弗雷德本人也在百忙之中腾出时间从事翻译工作,将罗马哲学家波伊西斯的《哲理之慰藉》、比德的《英吉利教会史》、教皇格列高利的《教士守则》等译成本国语言。

他还十分注重历史知识,认为如果不懂得历史就谈不上是有教养、有文化的人,青年学子首先要学好历史。他下令编纂《盎格鲁-撒克逊编年史》,并亲自参与其事。这成为用盎格鲁-撒克逊文字写的第一部史书,

---

你知道温切斯特曾是英国的首都吗?

众所周知,现在英格兰的首都是伦敦。然而也许有人还不知道,在英格兰王国时代将首都迁往伦敦之前,温切斯特曾是英格兰的首都。

温切斯特位于英格兰南唐斯丘陵(South Downs)边缘,距伦敦仅一小时的路程。最初,温切斯特是罗马人的军事重镇,后来成为威塞克斯王国的统治中心。温切斯特市内最值得一去的景点便是温切斯特大教堂。该教堂是欧洲中世纪教堂中最长的一座,约160米,一排长柱的后面是数不清的礼拜席位。院内还有一座建于13世纪的圣诗班学校,该校在圣诗发展方面所做出的成就也是世所公认的。

1066年诺曼征服时,尽管征服者威廉王在伦敦的威斯敏斯特教堂(Westminster)已经举行了加冕仪式,却不得不在温切斯特再次举行,可见当时这座城市还没有失去作为英格兰中心地区的荣耀。

是英国重要的历史文献。

在司法制度建设方面,他在综合威塞克斯法典、肯特法典和麦西亚法典的基础上,颁布了英国第一部法典《阿尔弗雷德法典》。《阿尔弗雷德法典》反映了9世纪下半期英格兰封建依附制度的发展,同时也反映了法制的逐步发展:从初期的支付赔偿金、罚金制度向执行拘留、判刑和监禁过渡。

英格兰人对阿尔弗雷德的评价

英格兰人曾对阿尔弗雷德有这样的评价:"史册所载的一切名字中,只有我们英国的阿尔弗雷德的历史是没有污点的。他的一生堪称白璧无瑕。"

阿尔弗雷德大帝死后,几代继任者征伐不止,不但于10世纪中叶收复了大部分"丹麦区",还迫使威尔士人和苏格兰人称臣。威塞克斯国王成了不列颠的统治者,英吉利国家统一的基础终于形成。

第四节　丹麦金与丹麦人的统治

12世纪初,软弱的北宋在昏君宋徽宗的统治下,国力渐衰,最后在彪悍的女真人的进攻下,被迫割地赔款,直至亡国受辱。而在此200年前的不列颠,也上演着类似的事情,不过故事的主角换成了威塞克斯王国和丹麦人。

(一) 丹麦区的收复

阿尔弗雷德大帝临终之时,把王位传给其子"长者爱德华"(Edward the Elder)。爱德华沿用父亲的修道筑垒战术,在姐姐埃塞尔·弗列塔(Aethelflaed)的帮助下,稳步向丹麦区推进,先后收复了东盎格利亚、诺丁汉郡和林肯郡等地区。姐姐过世后,爱德华于918年把麦西亚和威塞克斯彻底合并起来,这样,威塞克斯王国的疆域向北推进到亨伯河。

925年,爱德华的儿子埃塞斯坦(Aethelstan)继位。埃塞斯坦是个虔诚的基督徒,终身未娶,喜欢搜集各种圣物,另一方面又颇具外交与军事才能,他把整个英格兰北部统一到威塞克斯王

◎长者爱德华

朝之内。他的策略是利用英格兰北部丹麦区的老丹麦人与从爱尔兰东渡新来的"北方丹麦人"的矛盾，进行离间活动，使丹麦人的王国彼此之间无法团结作战，从而夺取了丹麦区的约克城，建立了威塞克斯王国在北方的优势。

939 年，埃塞斯坦过世，新国王埃德蒙（Edmund）即位，丹麦人借机卷土重来。940 年约克城再度沦陷，944 年埃德蒙率军出征，再次驱逐北方丹麦人而重建英格兰人的统治，使丹麦人在半个世纪内不敢南下。到其子埃德加（Edgar）统治时期，整个英格兰出现前所未有的和平安定局面，埃德加在位期间，进行了卓有成效的教会改革，有效治理了修道院的腐败问题，强化了教会的世俗权力。他还注重与臣民的沟通和公共秩序的维护，加强整个王国的行政与司法制度建设。

（二）屈辱的"丹麦金"

978 年，埃德加之子埃塞列德（Ethelred）继位之时，还是一个 13 岁的小孩，他本人软弱无能，是英国历史上少有的庸君。在沉静了近半个世纪之后，丹麦人再次大举入侵，接连攻城略地。有英格兰王室血统的挪威人奥拉夫·特里格瓦森，率领 93 艘船舰在福克斯通登陆，打败了疏于防备的英格兰军队，攻占了肯特和东盎格利亚沿海地区。英格兰人被迫以赔偿 2 万英镑乞和，从此英格兰必须每年向丹麦人缴纳一定数额的"丹麦金"才能维持暂时的和平。992～994 年，年度支付额约在 2 万～2.2 万英镑之间，后来丹麦人的胃口越来越大，不断用劫夺英格兰土地的方法索取更多的丹麦金。软弱无能的埃塞列德只好用增加贡金的方式委曲求全，丹麦金在 1002 年增加到 2.4 万英镑，1007 年达 3 万英镑，1012 年为 4.8 万英镑。据史书记载，埃塞列德共向丹麦人和其他北欧人缴纳过五次"赔款"，总计达 13 万英镑之多。

丹麦金极大加重了英格兰民众的负担，也在上层贵族与统治者之间引发了激烈的矛盾。这时昏庸的埃塞列德竟然心血来潮，在1002年11月3日以丹麦人企图谋害国王为借口，下令杀死境内所有的丹麦人，大批丹麦人遇难，其中就包括丹麦国王斯威恩（Sweyn）的妹妹。斯威恩大怒，于1003年率重兵征伐英格兰，继续全面而残酷的掠夺。埃塞列德无力抵抗，只好举家逃往位于法兰克的诺曼底，斯威恩则征服了英格兰大部分地区，而英格兰上层贵族在他的威胁下竟推选他为英格兰国王。

（三）丹麦王"克努特大帝"

1014年2月，斯威恩还没在英格兰国王的宝座上坐稳，就猝然去世，英格兰贵族又把逃到诺曼底避难的埃塞列德国王接回英格兰。1016年4月，埃塞列德死于伦敦，伦敦城的贵族和市民推举他的儿子埃德蒙（Edmund）为王，史称埃德蒙二世。

斯威恩之子克努特（Canute）不甘失败，跨海来犯，很快就占领了英格兰的北部和东部，埃德蒙不敌丹麦军队，被迫率残部退守伦敦。这时由上层贵族组成的"贤人会议"推举克努特为英格兰国王，与困守伦敦的埃德蒙对峙。1016年10月，两军在阿辛顿（Ashington）地区展开决战，埃德蒙战败流亡到西部的林区，在当年年底含恨去世，威塞克斯方面群龙无首，很快被克努特吞并。1027年他又远征苏格兰，取得苏格兰三个王国的承认。克努特就此成为第一个真正统一不列颠的国王。

1019年克努特继承丹麦王位，1028年又继承了挪威王位。这样，他身兼北欧两王国的国王和欧洲王国英格兰的君主，组成了一个庞大的克努特帝国。克努特颇具治国才能，他在位期间，竭力调和与被征服的英格兰民众的感情，即位后他马上发布了一道谕旨，声称自己要做一名贤君，并宣布英格兰的战乱已经过去，太平治世即将来到。1023年他还公开举行庄严的忏悔仪式，表达对丹麦人在历次战争中在英格兰所犯罪行的忏悔。德才兼备的克努特力行仁政，对英格兰人和丹麦人平等对待，规定丹麦人不得侵袭英格兰人的土地，赢得了英格兰人的好感。他还改信基督教，任用德高望重的教士从事教会改革，他允准教会征收什一税，给修道院大量捐助，用赏赐赢得了教会和修道院的支持。他自视为统一的实现者和法律的制定者，注意利用"贤人会议"处理要事。他把

◎ 14世纪所绘的克努特大帝画像

英国分为四个伯爵区，由丹麦人或效忠于丹麦的英格兰贵族治理，同时还编撰了英格兰原来的法典，将丹麦人著名的"赔偿法"精神注入英国的法律中。

但克努特帝国由于缺乏牢固的经济基础，1035年克努特去世后，帝国宣告瓦解，克努特的长子哈德克努特（Hardicanute）因丹麦国事缠身，迟迟没能来英格兰实施统治，克努特的另外一个儿子哈罗德就在贵族的拥戴下成为英格兰的统治者。1040年哈罗德病故，哈德克努特入主英格兰，正式成为英格兰国王，他为了筹集雇佣军军饷在英格兰征收附加税，激起当地民众的不满与反抗。哈德克努特为了安定民心，邀请原来威塞克斯国王埃塞列德的长子爱德华从诺曼底归国，并把他作为自己的继承人。1042年，年仅24岁的哈德克努特病死，性格懦弱的爱德华即位，丹麦人在英国的统治终告结束。

贤人会议

贤人会议（Witenagemot）是7世纪到11世纪英格兰王国的政治统治机构，其名来源于古英语"贤人的会议"，起初是作为古代日耳曼部落军事民主制的残余而存在。贤人会议由国王主持召开，参加会议者有高级教士、世俗贵族与国王的近臣。贤人会议至少每年要召开一次，像圣诞节、复活节这样的宗教节日是理所应当的集会时间。

贤人会议的职权非常大，大致上分为两个方面：一是参与国家的税收、外交与防务决策，选举、废黜国王；二是行使司法权，贤人会议作为王国的最高法庭，可以审理各种诉案，包括涉及王室与贵族的要案与地方法庭的疑难案件，由于它的判决是集体行为，任何人不得推翻与更改。1066年诺曼底的威廉伯爵入主英格兰后，贤人会议被直接隶属国王的御前会议所取代。

贤人会议是盎格鲁－撒克逊时代的一种特有的中央机构，它既是国王的助手，又是王权的制约者。它保留了群体表决、多数认可的原则，将民主遗风演化为一种新型的民主制，对以后英国政治制度的发展产生了深远影响。

专题　英国贵族

英国贵族体系的存在是英国历史文化传统中的一个重要方面，目前在英国各个等级的贵族有 1000 多个，其中 300 多人是世袭贵族，其余的都是终身贵族，而女贵族只有 60 多人。

（一）英国贵族的演变

英格兰的贵族最早起源于盎格鲁－撒克逊部落的军事贵族，他们是国王的心腹爱将，负责领兵打仗、攻城略地。早期的贵族是从封建社会的骑士阶层（或武士阶层）演变而来，中世纪欧洲各贵族之间为了保持和平友好的关系而采用的一些礼仪和养成的风俗习惯，就是我们今天所推崇的优雅礼仪的来源。

除了世俗贵族外，随着基督教在英国的广泛传播，英国形成了坎特伯雷和约克两大主教区，两位大主教与属下的数十名主教与修道院长就成为教士贵族的不二人选。

到都铎王朝时期，随着英国庄园中乡绅实力的增长，他们中的佼佼者纷纷把进取的目光投向贵族的光环，通过种种手段，他们买爵晋级，跻身贵族行列，成为在英国革命中发挥重要作用的"新贵族"。

欧洲贵族与中国古代贵族最大不同之处，在于欧洲贵族基本上是永久世袭的，被外力和制度剥夺贵族称号的可能性很小，即便国王换了人，原先的贵族也还是贵族。

(二)英国贵族的等级爵阶与称谓

在等级上,贵族的爵位分为 duke, marquis, earl, viscount, baron 五个等级,翻译成汉语即我国封建社会对应的公、侯、伯、子、男五种爵位的名称。同一等级的贵族又按历史长短和所封地区分为五级,级别最高的是英格兰贵族,即在 1707 年英格兰和苏格兰合并前受封的英格兰贵族,其次是 1707 年前受封的苏格兰贵族,再次就是原封于爱尔兰的爱尔兰贵族,第四级是 1707~1800 年加封的贵族,称不列颠贵族,最后是联合王国贵族,即 1800 年爱尔兰被合并到英国后加封的贵族。

公爵是世袭贵族的最高爵位,受封者均属王室贵族,只有英国皇室的至亲才有可能获此殊荣。1337 年,英王爱德华三世封其子爱德华为康沃尔公爵,这是英国历史上的第一位公爵,公爵尊称为 Your Grace(公爵大人)。英国历史上的第一位侯爵和第一位男爵分别于 1385 年和 1387 年加封。侯爵、伯爵、子爵、男爵可统称为 Lord(勋爵),尊称为 Your Lordship。

对贵族的称谓也有讲究,对于侯爵、伯爵和子爵,可以直接称呼其爵位的名称,如约翰伯爵、亨利子爵,也可泛称某某勋爵,这里 Lord 要放在姓氏的前面。男爵只能称勋爵,而不能直呼男爵,而公爵则只能称公爵,不能以勋爵相称。

爵士(Knight)由首相提名,英王授封,受封者均为有卓越贡献的公务人员、将军、实业家、教授、艺术家、律师等。爵

◎ 19 世纪英国国会上议院

士的头衔不能继承，称呼时姓名前加 Sir。每年获此誉称的约有 200 人，目前英国有爵士称号的有三四千人。

《终身贵族法》规定，英王可根据首相的提名，加封某些对国家有重大贡献的人士为终身贵族。如英国前首相艾登就被封为伯爵，每年受封该类爵位的约有 20 人。

英国世袭贵族的爵衔实行长子继承制。按照惯例，贵族年满 21 岁便成为上院成员，但不能进下院或在政府中任职，更无法担任首相，除非其自愿放弃贵族头衔，贵族甚至没有选举权与被选举权。1963 年颁布的《贵族爵位法》规定，世袭贵族为了竞选下院议员或其他原因，可放弃其爵位成为平民，等死亡时再恢复其爵衔，以便传给继承人。

（三）英国贵族的特权

英国是一个保守、正统、讲头衔、重誉称的国度，迄今为止仍然为贵族保留着诸多特权。

作为英国圣公会的"保护人"，英国国王拥有两个特权。首先，他顶着圣·大卫教堂议事司铎的头衔；再者，他每年可在该教堂布一次道，此外，英王还掌握大英帝国出版《圣经》的专利权。英国圣经协会受英王委托，每年印刷 100 万册各种文字的《圣经》。不用说，英王能根据印刷量的大小，按比例提取一笔特许权使用费。由于历史传统，迄今以来英国很多贵族还有着一些稀奇古怪的特权。

第三章

从诺曼征服到玫瑰战争

　　1066年，原在法国西部的诺曼人在威廉公爵的率领下借机在英格兰登陆，最终打败了原来英格兰国王的军队，成为英国最后一支外来征服者。诺曼征服后，欧洲大陆的分封采邑制度被引入英国，英国进入封建化时期。而由于英格兰的统治者来自法国，英王在法国有大片封地，造成英法两国的纷争，进而导致14、15世纪的百年战争，战争的结果是英王丧失了在法国的全部封地，英国自此进入独立发展阶段。百年战争后，英国发生了大贵族与王室争夺王权的玫瑰战争，到1485年方告结束，从此英国进入都铎王朝时期。

第一节 诺曼征服

相信现在很多人不敢相信12世纪的英格兰贵族上层通用的语言竟然是法语,而且当时英格兰国王在法兰西领有的土地居然比英格兰本土大好几倍,英格兰的国王大多数时间都待在法国,而这一切的缘由还要从1066年的诺曼征服说起。

(一)诺曼底公爵与忏悔者"爱德华"

在抢掠英格兰的同时,维京人还于9世纪初入侵法兰西,845年攻占巴黎,抢劫了亚眠、波尔多、马赛、卢昂、波尔多等城市。911年,诺曼人罗洛率军占据了法兰西西北部的一大片地区,称其为"诺曼底"(北方人的土地),他自称"诺曼底公爵"。作为法兰克的附庸,诺曼人抛弃了原来的语言习俗,改讲法语,大量吸收法兰西文化并且信奉基督教,同时他们还和隔海相望的英格兰保持着千丝万缕的联系。

1042年登上英格兰王位的"忏悔者"爱德华(Edward the Confessor)是原来威塞克斯国王埃塞列德的长子,他的母亲是诺曼底公爵罗伯特的女儿埃玛,

慈悲剑

最著名的一把慈悲剑据说是"忏悔者"爱德华的宝剑,剑头是断了的,呈方形,没有杀伤力,所以象征君主的慈悲。这把宝剑现被视为王权的象征,为英国国王或女王加冕时必备之物,传说此剑的剑头是被一个天使折断的,为了让人们不要滥杀无辜。

第三章 从诺曼征服到玫瑰战争

后来征服英格兰的诺曼伯爵威廉是其表弟。爱德华自幼就在诺曼底的宫廷里过着流亡生活,因其对基督教的信仰极为虔诚而被后人称为"忏悔者",他即位后在朝中任命了大量诺曼人为官,这激起了当地英格兰贵族的不满。爱德华在位期间为争夺权力,和他的岳父高德温展开了激烈的斗争。高德温是当地望族的族长,家族拥有的领地占全国土地的2/3,1045年他把自己的女儿嫁给爱德华做王后后,更是权倾朝野,对王权造成极大的威胁。爱德华利用高德温与北方麦西亚和诺森布里亚两伯爵的矛盾,在1051年把高德温全家逐出国外,没收其土地分配给诺曼人,并邀请诺曼底威廉公爵访问英国。可第二年高德温与其子哈罗德在英格兰民众的支持下卷土重来,占领了英格兰大部分土地,并把爱德华围困在城堡里。这样,爱德华只好把土地和官职财产重新发还给高德温。1053年高德温病死后,哈罗德继承了伯爵爵位,家族势力超过以往。1063年他和兄弟征服了威尔士,更是威风八面、不可一世。1066年,爱德华国王死后,哈罗德被"贤人会议"推举为英格兰国王。

威廉是诺曼底罗伯特公爵和皮匠之女阿莱特的私生子,因其是独生子,罗伯特公爵费尽周折,最终说服贵族承认了他的继承权。不久罗伯特公爵英年早逝,亡故于赴耶路撒冷朝圣的途中,7岁的威廉便继位为公爵。从1047年起,威廉在法兰克国王的支持下,运用战争、外交与残酷惩罚的方式,打败了一个个政敌,最终成为诺曼底至高无上的统治者。

◎ "征服者"威廉

（二）黑斯廷斯之战

哈罗德的王权并不稳固，很快出现了两个王位竞争者，一个是挪威国王哈德拉达，另一个是自称爱德华曾承诺传位于他的诺曼底公爵威廉。首先是哈德拉达发难，他在英格兰叛逃贵族的怂恿和支持下，于1066年夏天入侵英格兰北部，占领了约克城。哈罗德为解燃眉之急，被迫从不列颠东南海岸抽调专为抵御诺曼底军队而布置的兵力，北上应战。9月28日，英格兰与挪威军队在约克城外的斯坦福桥畔展开激战，哈罗德率领的军队取得决定性的胜利，哈德拉达的军队被歼灭，哈德拉达本人也在战场上阵亡。但还没等哈罗德喝完庆功酒，南方就传来消息：诺曼底公国的威廉公爵率大军借助有利的西南风已经在南部的帕文西（Pevensey）登陆了。哈罗德得到消息后只得带领在斯坦福桥战役中伤亡惨重、疲惫不堪的军队，日夜兼程赶回伦敦。

到达伦敦后，哈罗德错误地决定以疲惫之师与威廉交战于苏塞克斯南端临海的黑斯廷斯山。这时，哈罗德有7000兵马，但大多是匆忙征集、未经训练的民兵，威廉只有5000兵马，却是装备精良的骑兵。双方士兵身着锁子甲，头戴锥形盔，一手持盾，一手握着长矛或利剑，对峙于黑斯廷斯山上。

英军抢先占领克拉克丘岗，借陡峭地势摆开队列。诺曼底军队由弩手、步兵和重甲骑兵三种部队配合作战。在两军相距100米处，诺曼底弩手首先射击，然后步兵、骑兵迎坡仰攻，但遭到居高临下的英军猛烈攻击，诺曼底军队一次又一次的冲锋都被打退。直到夕阳西下之时，威廉命令军队佯装败退，哈罗德的军队一见此情，立刻排山倒海似的冲下山岗追击，队形大乱。埋伏在山腰的诺曼底人突然四起，诺曼底弩手射出致命的箭矢，骑兵肆意冲杀践踏，步兵压缩包围圈，把英军打得七零八落。恶战至夕阳西照，英军渐渐招架不住，哈罗德身旁只剩下不多的几个亲信随从。黑暗中，威廉命令对天空放箭，箭矢越过后墙飞向英军，正好有一支射中哈罗德的右眼。哈罗德应声落马，被诺曼底人赶上，结果了性命。经过一天的厮杀，哈罗德及其军队全部战死，民军溃败，诺曼军大获全胜。

> 看，我的主啊！凭着上帝的荣耀，我已经用我的双手握住英格兰了，英格兰是我的了。凡是我的东西，也就是你们的东西。
> ——威廉一世登陆英格兰时的演说

诺曼军队乘胜追击，扩大战果，深入英格兰内地，攻占丹佛尔港和坎特伯雷，再沿着泰晤士河西进。威廉恩威并用，先在伦敦周围残杀反抗者，制造了满目疮痍的荒凉地带，后又允许盎格鲁-撒克逊人保持他们的旧有习惯和权利，迫使伦敦不战而降。1066年的圣诞节，威廉公爵在伦敦威斯敏斯特教堂被英国人拥立为新的国王，加冕为英王威廉一世。

1068～1070年，威廉一世继续率兵北上，实行焦土政策，打败了顽固抵抗的麦西亚与诺森布里亚地区领主军队。到1070年，威廉一世完全控制了英格兰。

威廉由此建立了诺曼王朝（1066～1154）。这次事件在历史上被称为"诺曼征服"，威廉也被称为"征服者"。这是英国历史上一次里程碑式的事件，随着诺曼征服和诺曼王朝的建立，已在盎格鲁-撒克逊时代开始的英国封建化进程迅速完成。正统的史家往往将这一年视为英国正统历史的开端。

傲慢的诺曼人占领不列颠后，不屑于接受战败者的生活方式和文化，反过来影响英格兰人的文化取向。法兰西文化渐渐得到上层撒克逊人的认可，他们把儿子送到法国修道院接受教育，学习法语。一直到1259年亨利三世即位，他在位期间，英语才在上层政治领域有了一席之地。

威廉逸事

诺曼军在英格兰南部成功登陆，威廉心中暗喜，他高兴地踏出了在英格兰的第一步。没想到，走了没两步，他一脚没踩稳，摔倒在沙滩上。周围的骑士慌了神，纷纷过来搀扶。威廉顺势双手捧起沙子，仰天大喊道："我现在拥有英格兰的土地了！"士兵们都以为公爵是为了捧沙才伏下身子，个个欢欣鼓舞。威廉暗自庆幸，总算没在士兵面前丢人现眼。

（三）封建化措施

威廉一世把在欧洲大陆盛行的封君封臣的社会制度引入英格兰，重用诺曼底贵族。在罗马教皇的支持下，威廉还将英国教会进行了彻底改造。五个英国主教的职务全被免除，由诺曼底教士取而代之，并授予诺曼人教会高级教职，使当地教会成为政府的统治工具之一。此外，威廉一世大量没收英格兰贵族、英国教会和自由农民的土地，把全国耕地的七分之一和大部分森林据为己有，其余的土地则分封给诺曼贵族，他要求各级受封土地的封臣都必须向国王宣誓效忠，加强了国王对贵族的控制。

为抵御丹麦人的入侵，保证军队有足够的给养，威廉于1086年下令对全国的土地、人口和财产进行全面的调查。他派出了许多专员，走访一个又一个郡，询问当地的经济生活状况，有多少土地，谁是土地的所有者，有多少佃户，有多少牲畜。调查极为细致，村村户户，无一不包，最后把结果汇集成一部调查档案，称之为《土地赋役调查书》。此次调查过程之烦琐，项目之细致，追查之严格，达到了无以复加的地步，让人联想起基督教中的"末日审判"教义，因此，这部档案又被称为《末日审判书》。

威廉一世死后，王位仅传三代，因亨利一世去世后无男性直系继承人，诺曼底王朝到1154年即告终结，取而代之的是安茹王朝。

伦敦塔

　　1066年，诺曼征服后不久，威廉一世即下令在伦敦城东部建造一座要塞，以控制当地的商业社区，并扼守通往伦敦的大道。1078年，威廉一世又命人在要塞中央兴建一座白塔，建塔的砖石有不少是威廉一世派人从法国诺曼底运来的。这座白塔高90英尺，是一座诺曼底式的三层建筑，四角建有塔楼，除了东北角塔楼呈圆形以外，其他三个塔楼都是正方形。威廉一世此后又下令将白塔修缮加固，这便是日后伦敦塔的雏形，到1097年又在白塔周围构筑了近20个塔楼，伦敦塔正式建成。

　　伦敦塔占地18英亩，建成后曾作为要塞、皇宫、监狱、天文台、动物园及国家的军火库和档案储藏室等。在中世纪还变成了国家监狱，不少王宫贵族被害于此，英国历史学家麦考莱曾说"这是世界上最悲惨的一块地方"。现在这里已成为兵器库和博物馆，展出各种王冠，在威克菲德塔中还能看见女王伊丽莎白二世加冕时戴的王冠，冠上的宝石被称为"非洲之星"，重达109克拉，为稀世珍宝。

◎伦敦塔

第二节　亨利二世主持的司法改革

英国首相丘吉尔曾说:"亨利二世的伟大功绩,就是他奠定了英国普通法的基础,后人只需在此上面添砖加瓦。它的图案会有所变动,而外形却总是维持不变的。"

(一)"安茹帝国"的君主

1135年,威廉一世的小儿子亨利一世死后无子,其外甥斯蒂芬(Stephen)继承王位,遭到亨利一世的女儿马蒂尔达(Matilda)的反对。当时马蒂尔达已经嫁给法兰西的安茹伯爵,她就借助夫家的势力屡次与斯蒂芬干戈相向,此后近20年中,双方互相争斗,英格兰民众饱受战乱之苦。最后马蒂尔达一方逐渐占了上风,斯蒂芬被迫和她达成协议,同意在他死后由马蒂尔达的儿子亨利继承英格兰的王位。1154年斯蒂芬去世,来自安茹的亨利顺利成为英格兰新一任国王,称亨利二世。自此,诺曼王朝被安茹王朝取代,因他的父亲安茹伯爵喜欢在自己的帽子上插朵金雀花,所以新王朝又称金雀花王朝。

亨利二世是英国历史上有名的贤

> **为什么亨利二世又被称为"短斗篷王"?**
>
> 这是国王的绰号,一般是这个国王的某个外形或者性格的特征。亨利二世一生大部分时间都穿比较实用方便的短披风,所以人们称其为"短斗篷王"。

君，他即位时才 21 岁，但已有丰富的处理外交事务的经验。他还是一个永不停歇的实干家，传说他除了骑马、吃饭与睡觉之外，所有时间都用在处理国事上。他虽然不懂英语，但受过很好的拉丁文、法国北部普罗旺斯（Provence）文和意大利文的教育。他从不急躁，即使在跟教会做斗争时也不发火。无论从哪个方面来说，他都是当时欧洲第一流的政治家和外交家。他即位后很快就平定了国内的异己力量，并迅速将精力转向对大陆的争夺。他只花了四年时间就摧毁了英国土地上所有的贵族非法建造的城堡，而且还恢复了对苏格兰和威尔士的统治权，并开始了对爱尔兰的征伐。

（二）荒谬不堪的法律

当时的英国法由于古代原始习惯，各地千差万别。譬如同是杀人罪，有的地区处以死刑，有的地区判处剥夺法律规定的所有权利，有的地区则罚以偿命金。1066 年的诺曼征服加强了王权和政治统一，但法律的分散状况并未得到相应改观。"征服者"威廉引进的大陆封建法与原有的盎格鲁-撒克逊习惯法之间矛盾百出。

当时法院的审判都不是依据证据和法理分析，而是采用诉诸上帝、神意等超自然力量的宣誓证明法，带有浓厚的神秘色彩和不可预测性。法庭审理案件通常用以下几种方法：

一是证人誓证法。诉讼双方分别向法庭提供一定数量的证人，由证人证明诉讼当事人的陈述是否真实可靠。证人

◎亨利二世

做证须先发誓不做伪证，证人的数量及其社会地位决定其验证结果，证人人数越多，其证词的证明效力就越高。因为对于证人的来源并没有限制，通常有钱有势的人能找到更多的证人，也就更能胜诉，完全背离了司法的公正性。

二是神判法。神判法又叫神明裁判法，是古代普遍采用的一种审判方法。在英国，神判法分为热铁法、冷水法和吞食法等几种。以冷水法为例，在教士的监督下，将被告捆住一只手和一只脚，扔入池塘或河流中，若其不下沉则表明是有罪的，连神也不接纳他。热铁法居然是拿一块烧红的烙铁烫到胳膊上，只要胳膊上的伤口没化脓且很快复原就可证明无罪。

三是决斗法。在法庭上，如果原被告双方互不相让，而一方提出决斗挑战，另一方表示应战时，法官便命令双方进行武力决斗，并规定具体的决斗时间、地点和决斗武器的种类。年老者和病弱者可以雇佣专职的决斗士。在决斗时如果挑战的一方被打败，就要受到相应的处罚。其理论依据是战神会为无罪的正义者增添力量，所以胜者无罪，负者有罪。决斗法常常被用于土地纠纷的裁决上，为此教俗贵族专门养了一批打手，代其出庭肉搏，下层百姓望而生畏，只得尽量避开司法纠纷，隐忍不发。

（三）司法改革的主要内容

亨利二世为加强对不列颠的统治，在司法上做了重大改革。他从1163年起在废止杂乱无章的旧法后，开始制定新法，规定以英格兰的习惯与惯例来判案，史称《普通法》（也称《习惯法》），为英国宪法奠定了基础。新法由各大贵族和大主教组成的"王堂"议定，并由王室法庭颁布，具有相当的权威性。此外，他极力扩大隶属于他本人管辖的王室法庭的权限，原来法律规定王室法庭只能审理王室领地上的案件，其余案件要由事发当地的领主法庭审理。亨利二世允许自由人在缴纳一定费用的前提之下，有权越过领主法庭，直接向国王法庭申诉。王室法庭有权推翻原来领主法庭的判决，这样就可以有效纠正原来的诸如神判法或决斗法的误判。同时，国王还派出巡回法庭，既能使案件得到及时处理，又方便了民众，减轻了他们的诉讼费用。

为提高法庭审案的威信与效率，他还下令推行陪审团制度。在每百户区调选12名名声好的人组成陪审团，陪审团在宣誓后根据自己了解的事实来判断被告是否有罪，而后法官根据《习惯法》量刑。这时陪审团成员既是法官也是证人，每一个成员必须公正无私、秉公办案，如有偏袒将受到严厉制裁。这一制度一直延续至今，成为英国司法制度的核心，体现了"法律来源于人民"的原则。

在亨利二世司法改革后，英国的法律秩序逐渐完善起来，地方领主独

英国历史上为什么会有宰相？

1066年诺曼底公爵威廉征服英格兰，领土兼跨英吉利海峡两岸，从此开始跨海而治。大陆的巨大领地和法国王室的虎视眈眈都耗费着历代英王的大量精力，他们常奔波于海峡两岸，甚至数年无暇返回不列颠。比如，亨利二世为英王34年多，却有21年身在大陆。

国王身处海外时，需要有人来维持英格兰的统治，于是宰相应运而生。起初宰相非为常设，只是在国王不在时，代替国王处理国务，一旦国王返回便撤去其权力。从威廉二世时起，宰相逐渐成为一个常设官职，权力也不断增加，除仍在必要时代行王权外，也作为王国的最高行政司法官员，辅佐国王处理政务。因此，当时的宰相或学识渊博、精通法律，或有丰富的行政经验。

然而，宰相大权在握难免会引起君王的猜忌，而且有的宰相确实在势力膨胀以后营私取利，培植党羽，对王权构成威胁。因此国王常常设法限制相权。亨利二世时开始同时设两位宰相，以分其权，以后诸王多相仿效。历代国王也时常更换宰相，以防尾大不掉。而控制不力，君相矛盾激化，发展至针锋相对的情况也时有发生，这时国王必果断除之而后快。1232年7月，亨利三世正式解除了休伯特的宰相职务，宣告"宰相时代"的终结。

断专行、草菅人命的现象大为减少,国王的权威日渐增强。英国著名的法律学家梅特兰(Maitland)对亨利二世司法改革做出这样的评价:"亨利二世统治时期是我们(英国)的法律史最为重要的阶段,其重要性在于中央权力的活动,在于国王实施的司法改革。"

第三章　从诺曼征服到玫瑰战争

第三节　"狮心王"的传奇人生

在英国议会大厦威斯敏斯特宫门前，竖立着金雀花王朝第二任国王理查一世的铜像，他戴盔披甲，骑着高头大马，挥剑直指青天，看上去英武不凡，被人称为英国议会大厦的保护神。不过，如果你走近铜像的基座，就会惊讶地发现，即使你懂英文，也看不懂这位"保护神"基座上镌刻的称号。你如果问问旁边的警卫，他们会微笑地告诉你，那上面写的是法语，意思是"狮心王"。

（一）父子反目

1157年，牛津的王宫寝殿诞生了一名男婴，他就是当时的国王亨利二世的第二个儿子。这个身上流淌着"征服者"威廉血液的男孩被取名为理查，不过当时的人们并没有意识到，这个男孩将引领一个如同亚瑟王时的传奇时代。

1168年，11岁的理查受封为阿奎丹公爵。四年后理查亲赴其领地执政，但实权还是掌握在其父王亨利二世手上。理查不甘心总受父亲的控制，在执政后不久就联合他的三个兄弟发动了反对父

◎ "狮心王"理查

理查一世为什么被称为"狮心王"?

在第三次东征返回的路上,理查一世被神圣罗马帝国皇帝亨利六世扣押。可是亨利六世的妹妹竟然爱上了理查一世。他们在幽会时被发现,亨利六世十分生气,但他无法以这个理由处死一个国王。于是他命令将一头饥饿的狮子放进理查一世的牢中,但当饥饿的狮子张开大嘴要吃理查一世时,他却抢先一步,将手伸进狮子的咽喉,一直插入胸膛,将它的心脏掏了出来。此后再也没有人敢暗算他,"狮心王"的称号也就流传开来。

王的叛乱,但很快败在根基雄厚的亨利二世手中,山穷水尽的理查只得跪在父王面前乞求饶恕。

短暂的和平局面不久被打破,阿奎丹的贵族不断反叛,通过在平叛战场上的磨炼,理查逐渐成长为一名出色的军事指挥官。理查不仅拥有令人仰慕的权力和地位,而且拥有过人的胆识和魄力,这使得他威名远扬。在那个崇尚骑士精神的年代,不管是贵族的盎格鲁人,还是平民的撒克逊人,都争当理查的部下,这颇有李世民天策府内猛将如云的味道。在亨利二世的协助下,理查最终平息了领地的叛乱。

不久,他的哥哥亨利与三弟杰弗里相继病逝,理查顺理成章成为王位的继承人。但亨利二世十分偏爱理查的四弟约翰,想让理查把阿奎丹的封地让给约翰。这马上激起理查的反抗。而别有用心的法兰西国王腓力二世借机挑唆理查再次发动叛乱,于是1189年,理查联合法兰西的军队击败了亨利二世,把父王赶到了诺曼底,亨利二世在悲愤交加中死去。

理查在1189年继任为英格兰的国王,第二年正式加冕称理查一世,绰号"狮心王"。

(二)十字军东征期间的荣与辱

十字军东征是中世纪主要的战争之一,是基督教和伊斯兰教为争夺所谓的"圣地"而发动的战争。十字军东征一共进行了八次，理查一世所参与的第三次十字军东征是最精彩、意义最深远的一次。那次东征双方的领导者，英王"狮心王"理查一世、神圣罗马皇帝"红胡子"巴巴罗萨·腓特烈、阴险的法王腓力二世，还有阿拉伯世界最杰出的君主——埃及苏丹萨拉丁，无一不是充满个性和神勇的人物。理查为了筹集十字军东征所需军费，大肆卖官鬻爵，还出卖王室的领地和城堡，甚至表示为了十字军东征，他不惜卖掉整个伦敦城。

1190年，第三次十字军东征开始。理查出发最晚，在去往中东的途中，他借机掠夺了西西里的首府墨西拿和地中海上的塞浦路斯岛，一直到1191年他才带着军队来到阿克城。他们到达后，十字军一致推选理查为联军的统帅。

"狮心王"理查一世身材高大，长着一头浓密的棕色长发，喜欢着黑色盔甲，骑黑色战马，每逢大战必定身先士卒地挥动着战斧冲向敌阵。狂风撩起理查的长发，他那明亮的蓝色眼睛在风沙中闪闪发光。在战争中，理查一世充分体现了自己卓越的指挥才能、坚强的意志和惊人的勇气，在他的军队勇猛的进攻下，五周后阿克城的守军支撑不住，只得开城乞降。此役过后，理查的名字传遍了双方的军营，整个东西方世界都为之震惊。破城后，对方就战俘一事进行和谈，孰料萨拉丁拒绝支付赎金，和谈破裂，理查一世盛怒之下竟将2000多名阿拉伯俘虏全部杀死。攻克阿克城后，德国与法国的统帅因为无法忍受理查的傲慢，相继借故返回，结果理查只得孤军前往圣城耶路撒冷。

理查治军相当有一套，他继罗马军队之后首次建立了比较完善的参谋与后勤制度，甚至建立了专门的洗衣团。与萨拉丁军队的战斗中，理查凭借十字军步兵与骑兵的有效配合与优良的装备，成功击溃了萨拉丁军队的攻击与骚扰，顺利抵达耶路撒冷城下。但由于十字军孤军深入，后勤补给不足，理查无力再组织起有效的进攻。不巧这时国内传来了坏消息，理查的弟弟约翰亲王在法国的支持下正在预谋篡位。面对这突如其来的变故，理查经过反复考虑之后，捂住了他正看着耶路撒冷的双眼，以掩饰不能征服这里的遗憾，迅速率军撤返英格兰。

（三）传奇落幕

在撤返途中，理查一世乘坐的船只在亚得里亚海失事，弃船登陆后，他企图乔装穿过德意志，但还是落入了奥地利公爵利奥波德之手。利奥波德曾在十字军东征中和理查发生争吵并被理查羞辱，出于报复的心态，他把理查引渡给神圣罗马帝国皇帝亨利六世。亨利六世把理查监禁起来，并向英国勒索大额赎金。

要赎回理查一世，英格兰王室必须支付15万银马克，为此不得不大征各种税金，甚至连犁具也要征税，举国上下为赎回理查付出了惨痛的代价。尽管臣民们为筹措赎金而倾家荡产，但当理查回到伦敦时，人们仍欣喜若狂，额手称庆，因为有这么一位勇武坚强的国王实在是他们的光荣。

回国后，理查一世迅速平定了内乱，但他并没有杀死叛乱的弟弟，而是把其分封到父亲亨利二世原来的封地——位于法国的安茹。1194年起，理查又到大陆与法国开战，且又是好几年未分胜负。1199年，正当理查为战争经费的匮乏而一筹莫展时，一个好消息从天而降，有人说他手下的一名封臣挖到了一座价值连城的金像。理查一世遂以最高领主的身份要求占有这座金像，被拒绝后，他便带兵包围了那个封臣的小城堡。一天，当他无所顾忌地骑马沿墙而行时，一支箭突然射中了他的左肩窝。这箭来得迅疾，射得又深，箭头被挖出后，伤口又感染了坏疽，这在当时是无药可医的。可能自知将不久于人世，理查一世有条不紊地安排了后事，最后还下令赦免了向他放箭的弓箭手，"狮心王"理查就此结束了他的传奇人生。

第四节 自由的奠基石——《大宪章》

和中国不一样，英国的贵族发动反对国王的叛乱，目的不是争夺王位以取而代之，而是为了维护自己的权益，制止国王的暴政。英国历史上最典型的例子便是1215年反对约翰王的叛乱，最后贵族用一纸《大宪章》以限制国王的权力。《大宪章》后来成为英国立宪政治的第一层基石，以至被后来的历史学家称为"英国第一部成文法"。

(一)"失地王"约翰

"狮心王"理查去世后，他的四弟约翰终于得到了他梦寐以求的王位。不幸的是，约翰身上几乎集中了安茹家族的全部毛病：虚伪、自私、一意孤行。加之他反复无常，贪婪，无法获得贵族的有力支持，最后落得一事无成。不过现在一些历史学家认为约翰王还是很有治国能力的，并且力图革新政治，有所作为，可惜当时的历史环境没有为他创造一展抱负的条件，如同明末的崇祯帝一样。

约翰做亲王时就时常戏辱贵族封臣们的妻女，早已激起宫廷内外一片怨恨，埋下了内乱隐患。他继位后更是色胆包天，

◎ "失地王"约翰

英国历史上最不得人心的国王是谁?

英国历史上最不得人心的国王非"失地王"约翰莫属,他曾试图在理查一世被囚禁德国期间夺位,但后来理查宽恕了他并指定他为继承人,从而剥夺了弟弟杰弗里之子亚瑟的权力。在一次醉酒后,约翰杀死了亚瑟,并将亚瑟抛尸野外,他还残酷地虐待被俘的贵族,致使其中的21人被饿死。这一连串暴行激起了贵族们的强烈义愤,他们与法王腓力二世同仇敌忾,将约翰赶回了英格兰。约翰几乎失去了在欧洲大陆的所有领地,"失地王"的绰号由此得来。

嫌弃前妻,强娶吕西尼昂家族雨格公爵的未婚妻伊莎贝拉为王后。吕西尼昂家族不堪其辱,于1201年发动叛乱。精明老到、雄心勃勃的法王腓力二世于1202年4月以约翰王失德为借口,引证封建法规,宣布剥夺约翰在法兰西的领地,随即调兵遣将,直捣诺曼底。这时已成孤家寡人的约翰猝不及防,节节后退,撇下少数仍然忠于他的贵族,匆匆逃回英格兰。至1203年年底,英国已经接连失去诺曼底、安茹、曼思以及普瓦图的部分土地,只保住阿奎丹一地。因失地甚多,约翰就此落下了一个有败家意味的"失地王"的名号。

约翰王对抗外敌是一副窝囊面孔,但对待自己臣民的残暴程度却一点都不亚于他的父兄。为了筹集对法战争的军费,他向大小臣民横征暴敛,几乎每年都征收免役税,并提高了税额。为搜刮金钱,约翰王对城市市民同样不择手段,规定出入任一港口都须征收1/15的关税。他漫无限制地向市民征收各种苛捐杂税,还经常以没收城市自治特许权相要挟,向市民敲诈勒索。

约翰王当政期间,对教会的丰厚财产更是不放过,1209～1211年,约翰王一共掠夺教会财产达2.8万英镑。某些主教为免受迫害纷纷逃往国外,约翰王乘机派遣看守人,接管其财产,其卑劣行径引起教士的极大愤恨。

在选任谁继任坎特伯雷大主教的问题上，约翰与罗马教皇英诺森三世发生冲突。1205 年，坎特伯雷大主教沃尔特去世，按照习惯法与教规，英国的主教和大主教应由天主教修士和圣徒推选。由于坎特伯雷大主教兼任王国的监督长，权重势大，英王对其继任人选向来极为关切。约翰支持他的好友约翰·格雷当选，但教皇没有批准，而是推荐斯蒂芬·兰顿为坎特伯雷大主教。不过约翰王同样拒绝了教皇的建议，约翰王与教皇就此彻底闹翻了。

1208 年 3 月，罗马教皇给予英国教会停止宗教活动的处分，各教区的主教纷纷逃离英国。1209 年 10 月，教皇进一步开除约翰的教籍。由于当时欧洲统治者的政治合法性很大程度上是建立在宗教的基础上，如果丧失了基督教徒的身份，贵族就有理由拒绝承认他的国王及封君的身份。并且当时英国无论贵族还是百姓都是基督徒，到教堂做礼拜成为生活必不可少的一部分，停止宗教活动给他们的生活造成极大的影响，约翰王因此弄得天怒人怨。1213 年，约翰被迫向教皇屈服，同意兰顿继任坎特伯雷大主教，承认英国为教皇的臣属，并每年向教皇交纳 700 英镑的贡赋。

(二) 彪炳乾坤的《大宪章》

1214 年，在与教皇对抗中颜面尽失的约翰王为重塑威信，与德意志王和弗兰德尔伯爵的军队联手，意欲一举击败法王，东山再起，摆脱"失地王"的名声，重温安茹帝国的旧梦。1214 年 7 月，双方会战于布汶，因贵族拒绝提供军费援助与骑士的厌战，约翰及其盟友大败。布汶战败加上十多年的屈辱外交和横征暴敛，约翰王已经彻底丧失了威信与民心，国内怨声载道，这就为贵族逼迫约翰让步铺平了道路。

约翰王回到英格兰之后，还想再搜刮民财重启战端，令英国的贵族不满到极点。1215年5月5日，一部分贵族公然反抗，拒绝承认约翰为封君，拒不承认自己是约翰的臣下。他们正式向国王提交了权利要求书，要求约翰王遵守前代国王制定的法律，尊重臣民的自由与权利。在遭到拒绝后，他们迅速集结力量向伦敦进发，并一度占领伦敦。伦敦的市民纷纷响应，以致多数的臣民都站在反约翰的立场。

无路可退的约翰壮起胆子出来应对贵族们的反叛，在令人胆战心惊的刀光剑影中，约翰王环顾左右，只剩下七名亲从骑士陪侍在侧，约翰王平日不可一世、威风八面的气势早已烟消云散。1215年6月15日，伦敦附近泰晤士河畔的兰尼米德（Runnymead）草地阳光普照，反叛的贵族拿着由兰顿等人起草的法律文书与约翰王的代表在此会晤。双方经过一番争执，6月19日，走投无路的约翰王万般无奈之下在修订后的协议上盖上了皇家的玉玺，签署了以限制王权、保障臣民权利为要义的文件，史称《大宪章》。

《大宪章》共有63条，主要内容可归纳为：国王不得任意侵犯英国教会所享有的任何权利，必须尊重教会教职的选举自由；国王只可自行征收三项税金，即国王被俘的赎金、国王长子受封和长女出嫁时的礼金。除此之外，未经大会同意，国王不得另行征收任何别的税金，国王必须保证贵族和骑士按惯例享有的财产继承权，征税不得超过规定的限额，不得任意增收贡金；除根据同等级贵族的

◎ "失地王"约翰被迫签署《大宪章》

合法裁决和国家的法律，不得对自由人加以逮捕、监禁、剥夺财产、剥夺法律保护、流放或使其受任何其他损害。

约翰根本无意遵守《大宪章》，《大宪章》签署后不久，他一方面转向罗马教廷谋求政治支持，因为后者对《大宪章》中有关削弱教皇对英国教会管辖权的规定十分恼怒；另一方面纠集雇佣军征伐贵族军队，内战由此再起。在这种情况下，贵族势力索性联合约翰王的死对头法国国王，腓力二世借机在1216年5月21日登陆英格兰。约翰在内外夹攻下招架不住，退至英格兰北部。10月19日，四面楚歌的约翰在征战途中患病死去，其幼子亨利继位，是为亨利三世，战争方告停止。

《大宪章》确立了"王在法下"的根本政治司法原则，在此后200年间，被英王确认44次，成为英国立宪政治的支柱。直到今天，《大宪章》依然是英国宪法的重要组成部分。

英国的宪法为什么是不成文宪法？

与美国、法国等国家的宪法不一样，英国的宪法从来就没有被集中在一个单一的文件中，以成文的方式表现出来，而是由普通法、成文法和惯例混合组成的不成文宪法。宪法中的普通法是由习惯、法律先例以及对案例的解释演化而来；成文法则包括一些有宪法性质的文件，例如《大宪章》(1215)、《权利法案》(1689)和《改革法案》(1832)；而惯例是一些不具备法律强制力的规定和习惯做法，许多惯例起源于英国政府发展史上的一些事件。英国宪法的灵活性也从一个侧面反映了英国宪法经过多年的积累能发展得如此完善的原因。

第五节　议会制度的起源

在今天的电视新闻中，我们经常会看到在西方国家的权力中枢——议会里，一帮衣冠楚楚的议员为一项议案展开唇枪舌剑，好不热闹，很多人不会想到的是，这种现代民主形式的雏形在13世纪的英格兰就已出现。

（一）君王与贵族的冲突

在中国王权高于一切的13世纪，世界上最早的议会已在英国产生了，它是贵族、新兴市民阶层与国王进行不懈斗争的成果。

亨利三世在1227年亲政后，总是力图加强自己的权力，不愿意遵守"王在法下"的政治司法原则。为了增加国库收入，他向骑士反复征收盾牌钱（骑士用交金钱的方式代替服兵役），每个骑士40先令，先后征收了14次，并设置管理土地的官员，如果王室土地的佃户没有继承权，则立即把土地收回。过分依赖法国王后的亲友，对他们委以重任，加官晋爵，引起英国本地贵族的普遍不满。

1236年4月，亨利三世试图否定对《大宪章》承担义务的流言四起。1237年1月，亨利三世为满足姊妹以及自己结婚

◎亨利三世

的花销，又要征新税，遭到市民与贵族的反对。亨利三世被迫召开宫廷会议，重申确认《大宪章》给予贵族的特许权，征新税必须经贵族同意。

到1238年，王室的一件家事进一步激化了国王与贵族的矛盾，原来国王最亲密的男爵、年轻潇洒的诺曼底人西门·德·孟福尔（Simon de Montfort）来到英国后，时来运转，竟然博得了亨利的妹妹、寡妇爱琳娜的欢心。1238年1月7日，西门和爱琳娜结婚，亨利三世欣然同意。但婚礼只能秘密举行，因为当爱琳娜的前夫去世时，她才16岁，她向教会做了一个保持贞洁的许诺，现在再婚就破坏了这一誓言。不过终究纸包不住火，西门与爱琳娜的秘密婚姻被泄露，这激怒了宗教界和贵族，国王被迫躲进伦敦塔。

（二）《牛津条例》与西门议会

1258年，亨利三世为让其次子埃德蒙接任西西里国王，决定出征这块远在意大利的领地，为此，他不顾英格兰已饥荒三年的状况而要求宫廷会议为这次耗资巨大的远征举债征税。在这一关键时刻，那些反对出征西西里的贵族——其中包括亨利的妹婿西门·德·孟福尔——联合起来，他们全副武装去见国王，要求国王放弃远征计划和实行政治改革。此时的孟福尔由于国王反感他轻浮狂妄的个性，两人之间的关系逐渐疏远，他渐渐成为反对派贵族的领袖。国王在此情况下被迫让步，答应于6月12日在牛津举行由廷臣和贵族共同组成的联席会议。在这次史称"狂暴议会"的会议上，贵族迫使亨利三世接受了一个比《大宪章》更为激进的《牛津条例》，规定：国王要没收和分封土地必须经过由贵族、教士和骑士组成的大会议同意。还规定成立以大贵族为主体的15人的宫廷会议参与国事管理，国王、大臣和地方官员必须依照该会议意见治理国家。此外还选出有立法权的12人委员会，一年聚会三次，与15人组成的宫廷会议共商国

> **亨利三世的偶像是谁？**
>
> 亨利三世非常崇拜1161年被提升为圣人的盎格鲁－撒克逊国王爱德华。他听说爱德华衣着朴素，他也只穿戴最简单的大衣。他的寝室中有多幅爱德华的画像，它们用来在他入睡和醒来时引导他。此外他还将他的大儿子命名为爱德华。

是。亨利国王人单势孤，一点对抗的手段也没有，只能装出很明智的态度在议会里发表声明，表示同意。《牛津条例》是继《大宪章》之后的又一重要的政治和法律文献，它首次提出了定期召开议会的原则。

1262年，亨利三世在教皇的支持下下令取消《牛津条例》等成文法，许多贵族再次聚集在孟福尔周围，组织新的反抗活动。内战再次迫在眉睫，双方只好请求德高望重的法兰西国王路易九世给予仲裁。路易九世坚信王权不可侵犯，裁决《牛津条例》无效。孟福尔只好诉诸武力，他调集军队于1264年在英格兰沿海地区的列易斯凭借数量上的优势和快速的攻击行动，打败了亨利三世的军队。亨利三世和他的儿子爱德华逃到修道院，但很快被孟福尔的军队俘获。这样以孟福尔为首的贵族集团成了英格兰事实上的统治者，他们依靠一个9人委员会管理国家，借用国王名义控制贵族。

1265年1月，孟福尔依照《大宪章》的有关条文，以国王的名义在伦敦召集会议，商议国事。会议代表除了120名高级教士和23名贵族代表外，还有每郡推选出来的2名骑士代表与每个自治城市推选的2名市民代表。这次会议史称"西门议会"，因参加会议的有城市的商人、小地主、反教皇权势的教士和牛津大学学生，这次会议又被称为革命党的集会，表明社会中下层的平民已经开始介入英国国事的制定中。"西门议会"是英国议会的开端，孟福尔也因召集此次议会而被称为"平民院之父"（Father of the House of Commons）。

第三章　从诺曼征服到玫瑰战争

不过下层民众对孟福尔的支持与拥戴，引起了上层贵族的不满与戒备。当时被孟福尔囚禁的爱德华王子在与孟福尔离心离德的贵族的帮助下成功脱逃，并很快纠集起一支保王军队，并于 8 月 4 日在埃富萨（Evesham）一战中彻底击败了孟福尔的军队，孟福尔本人在战役中被杀，身首异处。《牛津条例》被废除，王权得到了全面的恢复。

尽管如此，经过《大宪章》和《牛津条例》的签订，凡国事

◎西门·德·孟福尔

应该交议事会讨论的治理国家的形式已在英格兰人的心中生了根，成为不容置疑的惯例。而且孟福尔领导的贵族反叛虽说没有成功，但它在英国宪改史上留下了永久的印记。

（三）模范国会

1272 年，亨利三世长子爱德华一世即位后，对议会这种组织形式极为欣赏，认为它是国王治理国家的有力工具，在其在位的 35 年（1272～1307）中，共召集议会达 46 次，其中头 20 年大概每年定期两次会议。1295 年，为了筹集军费，进行征服苏格兰和威尔士的战争，爱德华一世召开了一次正式的议会。这次议会仿效了"西门议会"的做法，确定了以后议会的大致形式，因此历史上就把 1295 年这次国会称为"模范国会"，英国的议会制度正式形成。

到 1343 年，议会正式被分为上议院和下议院，上议院由贵族与教士组成，又称贵族院（House of Lords）；下议院则是骑士与市民的天下，被称为平民院（House of Commons），当然当时平民院还缺乏独立性，受到国王与贵族院的控制，但随着中产阶级力量的增强，也逐渐成长为国家机构中一个强有力的团体。

议会的产生是英国政治生活中的一件大事，它开始改变英国政治斗争的格局。初期的国会是国王同社会中上层各等级进行联合统治的形式。后来，随着骑士新贵族和市民阶级势力的增长，议会便演变为反对国王专制的主要工具。

议会的名称从何而来？

英文"议会"（parliament）一词的最早使用可追溯至 1081 年甚至更早，它是从拉丁文 parliamentum、法文 parler 等几种西方语言转化而来，原指普通人之间的谈话和协商，以及市民会议或公民集会。后来用来指政要或者他们的代表之间的谈判、辩论和会议。1236 年，"议会"一词见于官方文件。翌年，政界人士则把大会议的全体会议称作议会。

第六节　征服威尔士与苏格兰的战争

喜欢看世界杯足球赛的球迷都知道，代表英国参加比赛的居然有英格兰、苏格兰、威尔士、北爱尔兰四支球队，在历史上，这些地区的历史渊源各有不同。英国的统一是伴随着英格兰的扩张而进行的，13世纪末，英格兰先是吞并了弱小的威尔士，进而又染指苏格兰，但由于苏格兰民众的英勇反抗，苏格兰的独立地位一直延续到17世纪。

（一）早期威尔士

威尔士从公元前6世纪开始一直是凯尔特人的天下，在1世纪时，罗马曾征服威尔士北部和南部，但没留下多少影响。罗马军队撤退后，威尔士继续由凯尔特人控制着，凯尔特人借助当地有利的地形顽强抵抗着盎格鲁-撒克逊人的侵略，并成功地守护住威尔士的山区和南部的平原地区。威尔士在6世纪时，也改信了基督教。1066年威廉一世征服英格兰后，把威尔士北部的边境地区分封给诺曼贵族，这些诺曼贵族被称为"边界领主"，他们一步步蚕食凯尔特人在威尔士的土地，逐渐扩大其在威尔士的势力范围。在他们的保护下，英格兰的很多军人、农民和商人陆续移居到威尔士。凯尔特人被迫退居到山区地带，由边界领主统治的河谷与海岸地带，实际上形成了一个个独立的小王国，一半由封建领主统治，一半听命于土著部落首领。

公元1200年前后，威尔士北部的部落在酋长卢埃林（Llewelyn）领导下，利用边界领主之间的矛盾，开展收复失地运动。到卢埃林的孙子小卢埃林·格鲁菲德（Llewelyn ap Gruffydd）的统治时期，他利用英格兰国王与贵族的内乱，联合当时反对亨利三世的西门·德·孟福尔，逐渐控制了威尔士的大小土著部落，阻挡诺曼底－英格兰人在威尔士的蚕食入侵，甚至使得一些边界领主也臣服于他，他还试图把各个土著部落合并为一个统一的王国。这次独立运动在 1267 年签订《蒙哥马利条约》时达到顶峰，英格兰国王亨利三世被迫承认小卢埃林的领土和新近自封的"威尔士亲王"称号，而小卢埃林也承认英王的宗主地位，每年还要缴纳 3000 马克的贡金。

（二）征服威尔士的战争

1272 年英格兰国王亨利三世去世后，他的长子爱德华急忙从第九次十字军东征的途中撤回，继承王位，称爱德华一世。爱德华一世从小就喜欢像骑马、追逐打仗这样的游戏，他身材高大，双腿修长，能紧紧夹住马鞍，绰号"长腿"，他英勇善战，有铁一般的意志，1265 年一举平定了孟福尔领导的叛乱。

当爱德华即位之时，他已是一位经过历练的比较成熟的政治家和军事指挥者，他知人善任，注重立法，并因战功和政绩获得了"苏格兰的锤子""威尔士的征服者""英格兰的查士丁尼"等称号。

1274 年年末，小卢埃林以爱德华一世支持他的弟弟大卫发动叛乱为由，拒绝向爱德华一世行效忠礼，并计划和孟

◎爱德华一世

福尔的女儿结婚，继续对抗英格兰，战争于是爆发。1277年1月，爱德华征集15640名步兵以及各种民工，采用罗马人的战术，即在优势地点建造城堡，并通过交通网把城堡连起来，在威尔士步步为营，层层推进。到4月时就已经征服了小卢埃林占领的边界领主的土地，到年中时推进到威尔士中部。小卢埃林被迫与亨利三世签订了《康韦条约》，根据条约，小卢埃林要向爱德华行臣服礼并效忠于英王，承认被爱德华征服的领土为英王领地，归还所欠英王之债务；爱德华则承认小卢埃林"威尔士亲王"之称号，并允许他在北部地区实行威尔士的法律和习俗。

1282年，围绕着威尔士土著部落之间的争端应由爱德华还是小卢埃林裁决这一问题，英格兰与威尔士的战端又起。1282年，这次小卢埃林之弟大卫占领了霍华德城堡，并号召威尔士土著部落反叛英格兰。爱德华从苏格兰事务中迅速脱身，立即集结700名重装骑兵、8000名步兵和1万名弓箭手。他首先用英格兰弓箭手对付威尔士的骑兵，然后用英格兰骑兵追击威尔士败退的军队；他还鼓励在威尔士的英格兰边界领主参战，并控制了海洋以保证军需供应。威尔士无力抵抗英格兰军队强有力的进攻，很快战败，1283年12月，小卢埃林在一次战役中战死，次年大卫也被俘并被处极刑。

1284年3月19日，爱德华

爱德华一世与妻子之间有着怎样的感人故事？

爱德华一世在很年轻的时候就与卡斯提尔王国的艾琳娜公主结婚。他们非常相爱，1290年艾琳娜于威尔士去世，在她的遗体运回伦敦的路上，爱德华一世在每一个驿站都竖立了一个十字架。至今，伦敦还保留着一部分这种十字架，并被称为"王后十字架"。自从爱人死后，爱德华一世的性格变得日趋暴戾和残忍，也许之后他对外残暴的外交政策和这也不无关系。

一世颁布《威尔士条例》，把北威尔士划分为几个郡，由王室官员直接管辖，其余地域的边界领主在威尔士地区的权力保持不变，在某种程度上保留了威尔士的法律和习俗。爱德华为巩固其对威尔士的统治，还加强威尔士的城堡和重镇的建设，就此彻底征服了威尔士。1301年，爱德华一世把"威尔士亲王"这个称号赐给了自己的儿子，即未来的爱德华二世，以后，英王的男性继承人都被赐予这个称号。

（三）苏格兰战争

爱德华一世在吞并威尔士后，对另一个与英格兰邻近的国家苏格兰也垂涎欲滴。苏格兰是凯尔特人的后裔，向来与英格兰人的关系不睦。在盎格鲁-撒克逊时代，苏格兰人就经常借着维京人的力量南下滋扰，成为英格兰人的心腹之患。苏格兰在英格兰的影响下也逐渐实现封建化，在11世纪，苏格兰国王统治着苏格兰南部和西部的大部分领土。此后，苏格兰与英格兰的关系渐趋缓和，王室之间的和亲通婚日渐频繁，苏格兰国王在英格兰还有一部分封地。1286年苏格兰国王亚历山大三世去世后，孙女玛格丽特（Margaret）即位，当时爱德华一世计划让玛格丽特与自己的儿子爱德华二世成亲，以图将来合并苏格兰。1290年，苏格兰人终于同意了这桩婚事，但不幸的是，薄命的小女王玛格丽特在渡海前往英格兰成亲的途中染病去世，结果造成苏格兰的王位空置，于是很多人起来竞争王位。

爱德华一世借机干预苏格兰的王位继承事宜，他支持年轻的诺曼贵族巴里奥（Baliol）继承王位。巴里奥在向爱德华一世行效忠礼后继承了王位，但他很快就对爱德华一世不断向其索取军队与财物表示不满，并偷偷与英格兰的死对头法兰西结盟，借以摆脱英格兰的控制。爱德华一世知道后，勃然大怒，于10月16日下令没收巴里奥在英格兰的领地与财物，并决定武力远征苏格兰。巴里奥在英格兰大兵压境前，因无法取得苏格兰贵族的支持，很快退位并离开苏格兰。爱德华一世把苏格兰的圣物加冕石搬到了伦敦威斯敏斯特教堂，自立为苏格兰国王，他留下一个伯爵率领占领军，常驻苏格兰，维系统治。

然而，苏格兰人不甘心屈服于英格兰的统治之下，在诺曼骑士华莱士（Wallace）的领导下，掀起了风起云涌的反抗斗争，并在1297年斯特灵桥（Sterling Bridge）战役中，大败英格兰军队。爱德华不得已在1298年与法兰西讲和，集全国之力力图征服苏格兰。英格兰的军队此后多次进攻苏格兰，在1298年7月的法尔科克（Falkirk）一战中凭借长弓弓箭手密集重射，终于击溃了苏格兰骑兵的抵抗，起义军失败。华莱士在1304年被俘，并于1305年在伦敦受酷刑被处死。但华莱士的英勇反抗精神鼓舞了苏格兰民众争取自由的斗争，他们又团结在当地贵族罗伯特·布鲁斯（Robert Bruce）的周围继续坚持战斗。1301～1305年，英格兰军队四次讨伐都没能征服苏格兰。1307年，已经是风烛残年的爱德华一世又亲率大军深入苏格兰，讨伐登基称王的布鲁斯，结果病死在征途中。布鲁斯借此机会清除了当地亲英格兰的贵族，巩固了自己的统治，并在1314年爱德华一世的儿子爱德华二世进攻苏格兰时，取得了班诺克本（Bannockburn）战役的决定性胜利。1318年，布鲁斯又率军收复了博威克，此后又击退了英格兰的数次进攻。英格兰在无法征服苏格兰的情况下，只得在1328年与苏格兰签订和约，承认苏格兰的独立。

《勇敢的心》与华莱士的早期经历

1995年，梅尔·吉布森（Mel Gibson）所拍摄的电影《勇敢的心》轰动影坛，此后，这部优秀的作品以它无可比拟的优势一举夺得了奥斯卡最佳影片、最佳导演、最佳摄影、最佳音响效果剪辑、最佳化装五项大奖，并席卷全球。在影片《勇敢的心》中，导演梅尔·吉布森兼任男主角，以华莱士与英格兰统治者不屈不挠的斗争故事为主线，讲述了华莱士跌宕起伏的悲剧命运，层层深入，感人至深，引人深思。

历史上的华莱士是一个名不见经传的小贵族家的次子，他早年的经历无据可考，不过，按当时的习俗，华莱士作为次子应担任神职。他的一个叔父就是当地的牧师，教授给他拉丁语和圣经箴言，向他灌输了自由思想。华莱士对英格兰人的刻骨仇恨，不仅仅出于对自由的信念，也来自亲身感受到的亡国毁家之痛。1291年，当爱德华一世自立为苏格兰国王后，华莱士的父亲因拒绝服从而被英格兰骑士杀害。年幼的华莱士只好随母投亲，据说就是这段时间他进了教会学校，但不久，就因杀死向他挑衅的英国占领军而被通缉，从此浪迹江湖，投身到抗击英格兰侵略的起义浪潮中。

◎梅尔·吉布森所扮演的华莱士

第七节　历时最长的战争
——英法百年战争（上）

英格兰和法国很早就形成了既是封君与封臣，互相联姻，又是利益冲突的直接对手，屡次发生战争的复杂关系。法国国王为吞并英国在当地的世袭领地和争夺商业利益费尽心机，英格兰国王则对法国国王的王冠垂涎欲滴，由此导致了历史上历时最长的一次国际战争——英法百年战争。

（一）百年战争的缘起

英法两国的瓜葛由来已久，法国的安茹家族继承了英国王位，致使英国国王在法国所占有的领地面积，居然是法兰西国王所能控制的领土的五六倍，这不能不令法国封建贵族心怀嫉恨。最后在腓力二世统治时期，法国基本上收复了英王在当地的领地，只有西南沿海的一部分地区仍属于英王。英王不甘心就此退出欧洲大陆，竭力收复失去的领地。当时，有两块领地成为双方争执的焦点。

一是阿奎丹地区，它包括基恩及其毗邻的加斯科涅地区，这是英王在法国仅存的领地，也是法国最富庶的地区之一，盛产葡萄酒和食盐，而且还有不少港口，可与外界进行海上贸易往来。这么一块肥肉却掉在英国人嘴里，法国人当然不会甘心。英王为了保留这块领地，在每次法国国王登基时，都不得不屈尊向法王行臣服礼，而法王对这种面子上的事情不感兴趣，一直要求以宗主身份收回这一地区的主权。

◎爱德华三世

二是英国对岸法国边境北部的弗兰德尔地区，这里工商业十分发达，以毛纺业著称，是欧洲传统的毛纺织业中心，但羊毛原料主要来自英国，因此与英国的经济利益密切相关。弗兰德尔居民倾向于英国，英王也企图控制这一地区。但是，统治该地区的是身为法国大贵族的弗兰德尔伯爵，他的后台就是当时的法国国王。对弗兰德尔控制权的竞逐，成为英法王室之争的焦点。

战争的另一根导火线是法国的王位继承之争。1328年法王查理四世死后无男嗣，根据法国法律，他的妹妹、英国王太后伊莎贝尔作为女性不得继承王位。法国贵族们遂拥立查理四世的堂兄腓力为王，称腓力六世。英王爱德华三世（伊莎贝尔之子）一直垂涎法国的王位，只是当时羽翼未丰，无力改变局面，只得承认了腓力六世。这一权宜之计持续十年后，当他羽翼丰满时，终于以此为借口挑起事端。

当时弗兰德尔毛纺织业内部商人与织工的矛盾日益尖锐，商人得到法国的支持，而织工则寻求英国的保护，腓力六世借机将其伯爵驱逐出境以直接控制该地区。英国的反应是宣布停止供应羊毛，遂使弗兰德尔毛纺业陷入困境。弗兰德尔的根特等城市的织工们发动起义，赶跑了法国派来的新伯爵，要求与英国结盟。爱德华三世给予支持，并在国内下令征税，战争一触即发。1337年11月，腓力六世先下手为强，派出强大舰队进攻基恩。爱德华三世则在1337年自立为"法兰西国王"，并派军队在弗兰德尔登陆，进犯法国北部，百年战争正式爆发。

第三章 从诺曼征服到玫瑰战争

（二）克勒西与普瓦提埃战役

百年战争实际上持续了117年（1337～1453）。战争的初期阶段英国获得优势地位。其实，从双方的力量对比来看，法国要强于英国，法国人口是英国的三四倍，能征召的兵力比英军多得多。况且战争主要在法国本土进行，法军更占地利人和优势。可是，由于统帅的指挥失误和英军优越的武器装备与义无反顾的猛攻，法军抵挡不住，一败再败。

1346年8月26日，英王爱德华三世率领两万军队，到达位于法国北部沿海的丘陵地带一个名叫克勒西（Crecy）的山冈附近，占据有利地势以逸待劳，掘壕防守。当日中午，大约4万法军嘈嘈杂杂而来，看到英军就在眼前，便潮水般地涌将过去。英军将树篱和四轮马车布置在阵前，迫使法军只能发起不利的仰攻。法王腓力六世命令雇佣的热那亚弩手约1.5万人在队伍最前方射击，本来晴朗的天空突然乌云密布，大雨倾盆，热那亚弩手的弓弦被雨淋湿，而英国长弓手的弦却不受影响。而不一会儿雨过天晴后，太阳又从英军的背后射出耀眼的光芒，照得法军眼花缭乱，根本无法组织起有力的进攻。而英军的弓箭手箭如雨下，热那亚弩手纷纷中箭倒地，法军的阵脚一下子被打乱。英军的步兵乘机掩杀，在英军的勇猛进攻下，法军慌忙应对，很快就溃不成军。腓力六世只带60人脱逃，法军1500余人丧生，其余大多溃逃，而英军仅伤亡50人。

克勒西一战取胜后，爱德

> **黑死病**
>
> 黑死病即鼠疫，是欧洲历史上最为恐怖的瘟疫。从1348年到1352年，它把欧洲变成了死亡陷阱，这条毁灭之路葬送了欧洲三分之一的人口。据考证，黑死病的大暴发与中世纪欧洲大量屠杀所谓的女巫有关，因为当时欧洲人认为猫是女巫的宠物和助手，所以猫被大量消灭。黑死病重要的传播媒介老鼠则在这条断裂的生物链中成倍增长，为黑死病的暴发创造了重要条件。

华三世乘胜追击，继续北上，围攻法国北部的加来港达 11 个月之久。1347 年 8 月 4 日，加莱孤立无援，被迫投降，加莱城的 6 个贵族赤头跣足，颈系绳索，手捧城门钥匙向爱德华三世跪地求饶。此后，法国内部政局混乱，加之黑死病在欧洲的流行，以及两国的财政困难使战争双方不约而同地偃旗息鼓，百年战争进入短暂的间歇期。

1350 年腓力六世死去，外号"善人"的约翰二世登上法国王位。他不思改革，固守那套依赖重装备骑士各自为战、与敌人短兵相接的打法，致使法国再次遭遇惨败。

1355 年，百年战争战事又起，英格兰的"黑太子"爱德华于 9 月率军在法国南部的波尔多登陆，穿过中部地区转向西北，一路掳掠。当得知法王约翰二世率军截其后路之时，黑太子立即南撤。这时约翰二世率军在普瓦提埃（Poitiers）附近的高地以逸待劳，力图全歼英军。爱德华王子提出的休战建议遭到约翰二世拒绝，后者在 9 月 19 日发起进攻。但是，黑太子机智地选择了密布着葡萄园和树篱的地方为英军隐蔽待战之地，身着甲胄行动不便的法军重装骑兵只得下马作战，反而成为藏身于树篱之后的英国长弓手击射的靶子。结果，法国军队几乎被全部歼灭，法王约翰二世及其 14 岁的太子被俘。此后战争断断续续，最后英法两国在 1360 年 5 月签订《布勒丁尼条约》，根据条约规定，英国国王无须再行臣服礼而获得了法国北部的加来港和西南阿奎丹等地的大块领土，英王爱德华三世则放弃对法国王位的要求。约翰二世在答应向英国缴纳 300 万金马克的巨额赎金后，获释回国。

◎ "黑太子"爱德华

第三章 从诺曼征服到玫瑰战争

约翰二世死后,查理五世于1364年继承法国王位。他下定决心要励精图治、恢复基业,因而也特别讲究治国方法。他汲取了前一阶段法国失败的教训,积极进行军事和财政改革。比如说经过三级会议同意,征收经常性的关税、盐税,这就大大增加了国家的财政收入。用这些钱他又招募了大批的雇佣军以代替部分自由散漫的封建骑士,还建立了有1200艘战船的海军。1369年战争又起,这时法国发挥本土作战优势,坚壁清野,打游击战,令英军疲于奔命,最后到1380年,除了加莱几个沿海港口,法国收复了全部的失地。1396年双方签订停战条约,百年战争暂时告一段落。

爱德华为什么被称为"黑太子"?

"黑太子"爱德华(Edward the Black Prince)是爱德华三世长子,1330年生于牛津郡伍德斯托克。他是英法百年战争第一阶段中英军最著名的指挥官,因其常穿黑色铠甲,故被称为"黑太子"。

根据《布勒丁尼条约》,黑太子受封法国阿奎丹公爵。1369年,黑太子希望通过在阿奎丹征收新税来弥补西班牙失利的损失,遭到领地民众的严重抗议。当地民众厌恶黑太子的残忍好战,感情上与新任法王查理五世亲近,于是向查理五世提出诉求,希望他出面主持正义。由于受到《布勒丁尼条约》的限制,查理五世仅要求黑太子在法国议会上解释他的行为。但是黑太子给予的答复是,他将率领6万英军参与法国议会辩论,于是英法战争又起。此次战争沦为对法国平民的抢劫与屠杀,1370年,黑太子指挥英军在法国利穆赞省(Limousin)首府利摩日(Limoges)展开大屠杀,一共屠杀了3000多名无辜平民,他还令城里所有人都站在他的面前,观看杀戮。

在对法国犯下一系列恶行之后,黑太子疾病加剧,返回英国。他没能扭转英国在法国的颓势,法国上下在查理五世的带领下展开大规模收复失地的斗争,而英军在转战过程中损失一半兵力却毫无进展。1376年,黑太子爱德华去世。

第八节 历时最长的战争
——英法百年战争（下）

中外历史上最有传奇色彩的军事统帅要属法国的"圣女贞德"，这位只有16岁，没受过任何军事训练的农家女，在百年战争后期法国将遭英格兰征服的危难之际，挺身而出，奇迹般地打败了强大的英格兰军队，拯救了法兰西，迫使英军撤出法国。英国自此打消了征服法国的念想，走上了有自己特色的发展之路。

（一）金雀花王朝的终结

1377年英王爱德华三世去世，由黑太子爱德华年仅10岁的儿子理查即位，称理查二世。因新王年幼，黑太子爱德华的弟弟兰开斯特伯爵约翰任摄政主持国政。理查二世在1389年亲政后与贵族的矛盾越来越大，飞扬跋扈的国王根本不把贵族放在眼里，他不仅把约翰伯爵的儿子亨利放逐到遥远的山地，还在1399年2月约翰伯爵死后没收了他的财产，令贵族人人自危。同年5月，亨利借理查二世出征爱尔兰的机会，举兵反叛，在贵族的支持下，彻底打败了国王的军队。8月，理查二世被迫投降，并于9月30日让位于亨利，后者登基称亨利四世，因他的父亲约翰亲王继承的是兰开斯特的爵位，所以他这一支也被称为兰开斯特家族，他所建立的王朝就称为兰开斯特王朝，金雀花王朝寿终正寝。

亨利四世在位期间，一直饱受贵族叛乱的困扰，议会也处处和他作对，不断否决他征税的法案，在此情况下，英国没有能力发动对外战争，一直到1413年他的儿子亨利五世即位后，王权才得到巩固。而这时的法国因在位的查理六世患疯癫病，王权衰微，贵族上层中两大派别争斗激化，都想利用英国的力量打击对方，新即位的英王亨利五世就秘密联合法国的勃艮第伯爵，于1415年8月率军在法国的塞纳河口登陆，百年战争战事又起。

（二）阿金库尔战役与《特鲁瓦条约》

英军登陆后，亨利五世率军围困哈夫勒尔，迫使守军于9月22日投降。此时已是秋天，不利于长途跋涉进攻巴黎，亨利决定直奔加莱，引诱法军进行决战。10月24日，双方在加莱南方不远处的阿金库尔（Agincourt）展开决战，只有1.5万人的英军顽强抵抗着近5万法军。而数量上占有绝对优势的法军依旧沿袭落后的以重骑兵为主力、骑士各自作战的拙劣战术，结果在行走不便的灌木林中，身着笨重铠甲的法国士兵被英军的弓箭手大量射杀。由于法军人数太多，有一批一批的人冲到了英军阵地，亨利立即带头下马作战，弓箭手也扔掉弓箭，拔出刀剑来迎击对方。在短兵相接的厮杀之中，亨利五世本人受伤，最后英军还是击退了法军的进攻，法军再次遭遇惨败，3名公爵、5名伯爵与4000多名骑士战死，而英军伤亡不到500人。这次战役的胜利使亨利五世的声望达到了顶峰。1415年11月，亨利凯旋，伦敦几乎万人空巷，前往迎接。第二年8月，神圣罗马帝国皇帝造访英国，双方订立了反对法国的攻守同盟。

◎亨利五世

1417年8月初，亨利五世再次带兵进攻法国，在诺曼底登陆后扩大战果，重点围困鲁昂。鲁昂城居民顽强抵抗，他们吃尽了粮食、马匹、狗、猫、鼠等。为节省食物，老弱妇孺被赶到城外活活饿死。1419年1月该城陷落时，总计有5万鲁昂人死于饥饿。此时，法国的统治阶级又发生内讧，查理六世精神失常不能理事，已投靠英国的勃艮第公爵菲利普借机占领了巴黎，把王太子赶到了法国的南部。1420年菲利普代表法国国王与英国签订了《特鲁瓦条约》，答应亨利五世成为查理六世的摄政王，同意在查理六世死后由亨利五世及其继承人永远兼任法国国王，基恩和波尔多归属英国。

1420年6月，亨利五世与法国的公主凯瑟琳结婚，12月亨利五世来到巴黎，俨然成为法兰西的君主，英军牢牢控制着以巴黎为中心的法国北部。1422年，亨利五世在战场上染上痢疾，不治而亡，他和凯瑟琳生下的只有9个月大的亨利王子继位，称亨利六世。10月，查理六世又死去，亨利六世按照《特鲁瓦条约》成为法国国王。但是逃到南方的法国王太子不甘屈服，在布尔热自立为法国国王，称查理七世，继续领导抗英斗争。

第九节 玫瑰战争的始末

英格兰的老约克位于北部的乌兹河畔,是英国的古城之一,也是英格兰约克家族的受封地,老约克城后来成为当年玫瑰战争的主要战场。由于这样的历史文化渊源,这座小城每年竟有 300 万游客参观。

(一)红玫瑰与白玫瑰阵营

1453 年,英法百年战争最后以英国的失利而告终,它对英国的影响不仅限于国际方面,也影响到英国国内本来就不稳定的政治形势。一方面,百年战争中一些英国贵族趁机扩大私人武装,贵族间的局部冲突发展为内战准备了条件。另一方面,在百年战争的后期,英格兰出现了软弱的国王面对一个个相互间矛盾重重的强大贵族的局面。

10 个月大就继位的亨利六世经过了一个相当长的幼主时期(1422～1436),不仅有严重的依赖性,而且政治经验不足。亨利六世的治国才能远不及他的父王亨利五世,他性格懦弱,还是个十足的书呆子,不善于处理复杂的政治斗争。在贵族斗争的压力下,他患上了严重的精神疾病,国家大权部分落在王后玛格丽特(法国国王的侄女)手中。当时英格兰由不超过 60 名贵族控制着,他们大多依靠联姻结成亲属关系。围绕对王权的争夺,他们分化为两个阵营,一部分贵族效忠于以亨利六世为代表、以红玫瑰为族徽的兰开斯特家族,而另一部分贵族则聚集在约克公爵身边,被称为约克家族,以白玫瑰为族徽。当时的约克公爵理查是金雀花王朝国王爱德华三世第五子埃德蒙的孙子,他一直对王位虎视眈眈。

(二)贵族间的征战

1453年,百年战争终于以英国失去在法国的领地而收场,不列颠贵族永远丧失了他们在大陆的利益,一个个心怀怨恨。大批退伍军人无所事事,游荡乡里,惹是生非,成为两大贵族集团收编利用的对象。事有凑巧,多愁善感的亨利六世偏偏在这时患上精神病,宫廷权力之争很快发展到了公开摊牌的地步。约克公爵理查于1453年宣布为摄政王,约克家族图谋乘势夺取政权,一些政治上失意的封建主看到有机会兴风作浪,纷纷站到约克家族一方。可当年年末,局势朝有利于兰开斯特家族的方向发展,11月玛格丽特王后终于生下了一位王子,一年后国王亨利六世也恢复神志。约克公爵不仅失去继承王位的资格,1453年2月摄政权也遭停止,不甘心大权旁落的他决心用武力夺取王权。

1455年5月22日,两大家族在圣奥尔本斯首次开战,约克派的兵力超过王军数倍,轻易取得胜利。王后玛格丽特带着王子进入附近的修道院避难。亨利六世被箭擦伤后到一家杂货铺里包扎,约克公爵闻讯后马上赶去,还虚情假意地下跪表示忠诚。他不愿背上弑君的恶名,认为控制朝政远比得到一个虚君的名号实在。他迫使国王亨利六世宣布自己为摄政王和王位继承人,成为英格兰的实际统治者。

兰开斯特家族不甘心失败,很快就又结集军队反攻,战端重开,双方军队互有胜负,1460年年底兰开斯特军队出其不意地袭

玫瑰战争的名字是怎么来的?

"玫瑰战争"一名并未使用于当时,而是16世纪时,莎士比亚在历史剧《亨利六世》中以两朵玫瑰被拔标志战争的开始后才成为普遍用语。此名称源于两个家族所选的族徽,兰开斯特的红玫瑰和约克的白玫瑰。

击了奥克菲尔德（Wakefield），重创约克派军队，约克公爵理查因轻敌而战败被杀，最后也和13世纪的孟福尔一样身首异处，还被戴上一顶纸糊的王冠以示羞辱，和他一起送命的还有上千名士兵和几十个大小贵族。

但约克派一方还没伤元气，约克公爵之子爱德华匆匆从西部赶来，借兰开斯特军队休整的机会召集部众，挥师疾进，于1461年2月末率军攻克伦敦，受到了伦敦市民的欢迎。3月4日，爱德华在威斯敏斯特教堂宣布自己为国王，称爱德华四世，开始了约克王朝的统治。

3月29日，爱德华四世统率军队在约克附近的陶顿（Towton）地区与兰开斯特军队展开激战。爱德华骑着高头大马，冲在最前面，身后的战旗迎风招展，白玫瑰的族徽格外醒目。兰开斯特家族由国王亨利六世亲自率领，别看他经常疯疯癫癫，可眼下他还是十分清醒，他命令士兵对约克家族的人一律格杀勿论。旷野上，战马引颈嘶鸣，杀声震天，一片刀光剑影。从早上一直厮杀到下午，雪地上到处都是殷红的血迹。渐渐地，兰开斯特家族支持不住了。这时约克家族的后续增援部队及时到来让爱德华如虎添翼，杀得兰开斯特军队溃不成军、落荒而逃。据史料记载，此战估计有8万人参加了战斗，其中超过2万在战役中被杀，创英格兰土地上单日死亡人数的最高纪录。此后约克军队又取得了几次战争的胜利，并俘获了亨利六世，爱德华四世把他关进了伦敦塔。玛格丽特则带上王子仓皇逃往法国，期间一度断粮数日。

1469年夏季，爱德华四世与他的权臣沃里克伯爵矛盾激化，逃到法国的沃里克伯爵联合兰开斯特家族在1470年6月突袭约克城，一举击败了爱德华

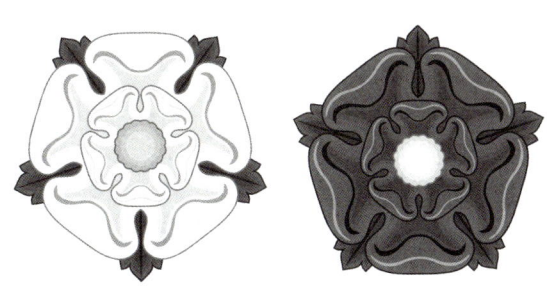

◎兰开斯特与约克家族的族徽红白玫瑰

四世的军队，把关在伦敦塔里的亨利六世请了出来。

爱德华四世战败后逃到尼德兰，借勃艮第公爵之力重新结集军队。1471年3月，爱德华四世率军回到英格兰，在巴尼特（Barnet）击败并杀死了沃里克伯爵，5月4日在图克斯伯里（Tewkesbury）战役中彻底击败了兰开斯特军队，又俘获了玛格丽特王后（后被法国赎回），玛格丽特之子也战死疆场。在爱德华四世胜利返回伦敦的当夜，被囚的亨利六世也无端地死于伦敦塔中，兰开斯特王朝的主要世系至此断绝，约克家族的爱德华四世得以安居王位。

（三）约克王朝的短期统治与终结

约克王朝的爱德华四世不仅有着卓越的军事才能，还善于理财，注意开源节流。他礼贤下士，任人唯贤，不计出身。他吸收许多平民参加宫廷会议，削弱大贵族的影响。身居国王至高无上的地位，他还特别愿意和商人打交道，到商人家里做客，支持商人的贸易事业。因此，他在位的二十余年间（1461～1483），英国经济有了突破性的发展，奠定了日后英国在经济上崛起的基础。但其死后，其弟格洛斯特公爵篡取了王位，称理查三世，他不仅把爱德华四世的两个幼子关进伦敦塔秘密处死，还大肆捕杀反对他的贵族，迅速失去了人心。

这时英格兰政坛出现了一个名叫亨利·都铎的里士满（Richmond）伯爵，他的母亲是爱德华三世第四子的后裔，所以也算是兰开斯特家族的成员。1485年8月7日，亨利·都铎率军在威尔士西部的米尔福港（Milford）登陆，向英国东南部进军，迅速得到不满理查暴政的贵族的支持。

8月22日，亨利的军队和理查的军队在博斯沃思（Bosworth）的原野上展开了决战。理查自以为人多势众，根本没把亨利放在眼里，他骑着一匹大白马，身披甲胄，头盔上顶着华丽的王冠，在阵前来回巡视，显得十分得意。战鼓擂动，一时间，双方箭飞如雨。理查亲自督战，但由于手下的斯坦利爵士率部投降亨利，且阵前倒戈的人越来越多，理查顿时失势，陷入重重包围之中。理查左冲右突，拼死抵挡了一阵，终于被乱枪刺死，头上那顶王冠落地，滚入草丛之中。

亨利就此取得了胜利，在打扫战场时，一个士兵在草丛中发现了王冠，他捧起沉甸甸的王冠，毕恭毕敬地送到亨利面前。人们顿时欢呼起来，亨利被簇拥着进入伦敦，不久正式加冕为英国国王，称亨利七世。从此，都铎王朝开始。后来，亨利娶约克家族爱德华四世的长女伊丽莎白为妻，两个家族握手言和。至此，进行了30年的红白玫瑰战争方告结束。

英国贵族在玫瑰战争中伤亡惨重，仅男爵之上的贵族战死者就达60多人，丧生的中小封建领主数以千计，大小封建领主在自相残杀中元气大伤，王权得以加强，这为日后建立君主专制制度、民族国家的形成创造了条件。资产阶级和资产阶级化的新贵族势力也借机得到增强，其政治与经济作用日渐上升。正如恩格斯所指出的："对英国幸运的是，旧的封建贵族在玫瑰战争中自相残杀殆尽。他们的继承人，虽然大部分是这些旧家族的后裔，但是离开嫡系已经很远，甚至形成了一个崭新的集团，他们的习惯和倾向，与其说是封建的，倒不如说是资产阶级的。"

英国的国花是什么？

英格兰的国花是玫瑰，在玫瑰战争开始后，玫瑰就成为英格兰的象征，在亨利·都铎结束玫瑰战争后，为体现两大家族的统一，把红玫瑰和白玫瑰合并成白色花心的红玫瑰，史称都铎玫瑰。

北爱尔兰的国花是三叶草，是一种很像苜蓿的三个叶片的植物，据说当年爱尔兰的守护圣徒圣帕特里克（St.Patrick）借此说明三位一体的教义。苏格兰的国花是蓟花，它一种叶子带刺的紫色花，从15世纪开始被用来当作防御的象征。威尔士的国花是水仙花，人们一般在庆祝圣大卫节（St.David's Day）时佩戴此花。

第四章

都铎王朝与斯图亚特时代

　　都铎王朝被公认为英国近代化的开端，文艺复兴和宗教改革均在此期间完成，英国迅速崛起。强有力的君主集权统治为英国的崛起提供了安定的政治环境与制度保证，伊丽莎白一世宽容的宗教政策、开明的治国理念、鼓励对外贸易的重商主义政策使得英国国泰民安，国力蒸蒸日上，最终在1588年打败了当时的欧洲霸主——西班牙的"无敌舰队"，为英国冲出欧洲、走向世界迈出了关键的一步。

第一节 亨利七世的勤勉创业

"君阅汗青已通史,终局笔亦疏;韶华峥嵘风尘掩,回首觅当初。"这句经典旁白让更多的观众陶醉于《都铎王朝》(*The Tudors*)那波澜壮阔、诡诈血腥而又香艳奢靡的宫廷故事之中,而亨利七世作为都铎王朝的"创业君主",为王朝的繁荣鼎盛打下了良好的基础。

(一)身世与早年经历

都铎家族是威尔士北部盎格莱赛岛(Anglesey)上的一个古老家族。亨利的祖父欧文·都铎(Owen Tudor)曾做过亨利五世的遗孀凯瑟琳家中的管家,并最终与女主人结婚。

1457年1月28日,亨利·都铎在彭布鲁克城堡出生,后来继承他父亲里士满伯爵的爵位。父亲去世后,亨利在母亲改嫁后一直和叔叔杰斯柏居住在威尔士。1471年,约克王朝的爱德华四世重掌政权后,下令抓捕兰开斯特家族成员,亨利被迫和叔叔逃到布列塔尼。此后亨利在布列塔尼公爵的宫廷中生活了13年,在那里,他逐渐长大成人。曲折的成长经历对亨利的性格产生很大影响。流亡期间,他深受法国文化传统与政治生活的熏陶,同时在大陆的生活使他开阔了眼界,熟悉了欧洲环境,为其以后成功的外交活动打下了基础。同时,寄人篱下的生活也培养了他敏锐的判断力和处事谨慎的心理。

（二）夺位掌权

1483年夏，理查不顾英格兰的传统，篡位登基，引起大多数贵族的反对，英格兰政局动荡，亨利的母亲玛格丽特认识到这是兰开斯特家族东山再起的机会，于是开始为儿子夺取王位四处奔走。她知道亨利仅凭兰开斯特的血统夺取王位理由不充分，于是设法与爱德华四世的遗孀伊丽莎白联系，建议亨利与（爱德华四世的长女）约克家族的伊丽莎白结婚。玛格丽特的建议得到对理查痛恨不已的王后的积极响应，之后，她又派人广泛与贵族联系，争取支持者，同时让亨利尽力争取布列塔尼公爵的支持，做好进攻英格兰的准备。

亨利积极筹划夺取英格兰王位的计划，他注重联系英格兰当地反对理查的贵族，并取得了法国的资金支持。1485年8月1日，亨利率领400～500名英国逃亡者和法国政府提供的1500名步兵，从诺曼底的鲁

◎亨利七世与妻子伊丽莎白

昂和哈弗勒起航，6天后在威尔士的米尔福港附近登陆。

亨利·都铎挥师东进，派人与尚在理查三世营中的贵族联系，英国各地的贵族纷纷率军投奔，他的队伍一下子激增到5000人。理查三世意识到局势严重，遂率军迎战。由于在战斗紧要关头军队临阵倒戈，约克军队遂告瓦解，理查三世头戴王冠展开最后的死战，直至战死。亨利就此顺利地夺取了英格兰的王位，建立了都铎王朝，历史从此翻开了新的一页。

1486年1月18日，亨利七世与伊丽莎白举行了盛大的婚礼。这一婚姻使亨利成为"红白玫瑰的结合者"，不仅有效地安定了归附的约克党人，而且他们的下一代将作为两大家族的结晶而有更稳固的地位。亨利在位的十多年里，他以强有力的举措镇压了约克家族残部的叛乱，并加强了对爱尔兰的控制，改善了与苏格兰的关系，使英国在百余年的战乱之后首次赢得长久的稳定与和平，从而为英国在16世纪的改革与腾飞创造了理想的环境。从这一意义上说，亨利七世不但是都铎王朝的开创者，更是都铎盛世的奠基人。

（三）整治朝纲

在统治初期，亨利七世主要依靠国库来管理他的收入，但是国库机构繁杂，办事拖沓，而且它是独立于王室的专门机构，国王不便于亲自掌握以对之进行有效的控制。因此，亨利逐渐放弃对国库的依赖，转而恢复约克王朝时期发展起来的"宫室体系"。宫室财政机构直接隶属于王室，它不仅规模比国库小得多，而且账目程序简化，灵活有效。其收入直接进入王室，更利于迅速为国王所支配。在亨利七世切实有效的财政政策下，英国国库充裕，为新生的都铎王朝的稳固与繁荣提供了必要的经济保障。

为防止地方贵族豢养家兵，对抗王权，亨利促使议会在1504年通过《仆从法》(Statute of Liveries)。这一法令禁止除了家用仆人以外任何形式的人身依附，禁止贵族不经国王特许而豢养家兵，同时又规定有养兵特权的贵族不得随意使用家兵，这样就使得贵族的家兵能完全为王权服务。

在加强对贵族控制的同时，亨利七世还依靠直接隶属于国王的治安法官来加强地方行政的管理。亨利七世时期的每届议会都通过法令增加治安法官的职权，最后治安法官几乎完全取代原来郡长的职权，而且有权监视郡长的行为。

通过限制豢养家兵、重用治安法官等政策，亨利七世初步建立了王权对地方的有效控制机制，从而使都铎王权在更完整的意义上得到加强。

在工商方面，亨利七世也显得很有远见，他大力发展呢绒业和呢绒贸易，实行重商主义政策，鼓励英格兰的对外贸易，他主导英格兰和尼德兰签订了"大通商"条约，恢复了与尼德兰的正常贸易关系。

亨利七世给后人留下了良好的行政体系、国王专制统治政体和大笔的财富。在他1509年去世时，英国已从玫瑰战争的阴影里完全走了出来，呈现出一派繁荣兴旺的局面。至此，都铎王朝的统治已经非常稳固，再也无须其他欧洲大国承认了。

第二节　亨利八世与英国宗教改革

16世纪初，欧洲大地狂飙突进，一场波澜壮阔的宗教改革运动席卷了整个西欧天主教世界，人们开始摆脱罗马教廷的桎梏，用自己理解的方式阐释基督教。英国当然也不能置身事外，但谁也不会想到，英国的宗教改革居然是由国王的婚姻问题引发的。

（一）国王与教会的矛盾

1509年亨利七世去世后，他的次子亨利继承王位，称亨利八世。亨利八世生于1491年6月，他早年潜心攻读拉丁文、法文与意大利文，在音乐上也很有造诣。他健壮勇猛，弓马娴熟，不失为一位文武双全的国王。

亨利七世在位时，执行睦邻友好政策，他将两个女儿分别嫁给苏格兰和法国的王储，为长子亚瑟娶西班牙公主凯瑟琳为妻。但婚后不久亚瑟因病去世，当时西班牙和法国不和，亨利七世为了拉拢西班牙共同对付法国，力图挽留长媳，经向教皇请示，他决定让凯瑟琳再嫁给他的次子亨利。

亨利八世在1509年4月即位后只能根据父亲的安排，娶比自己大5岁的嫂子凯瑟琳为妻。他们的婚姻早期还算美满，凯瑟琳仪表端庄，妩媚动人，亨利八世对其非常迷恋，夫妻的感情还算不错，但凯瑟琳王后只为他生了一个女儿玛丽（即后来的玛丽一世），以后几次生育的孩子都早夭，当时世人都认为弟娶嫂不吉利，因为《圣经》的"利未记"中说得很清楚："人若娶兄弟之妻，这本是污秽之事……他们二人必无子女。"亨利八世也开始认为这是上帝对他们的惩罚，于是对王后逐渐冷落。这时宫廷侍女安妮·博林闯入了他的视野，安妮·博林虽然相貌平平，并未拥有倾国倾城的美貌，但她有着聪慧的头脑、活泼的性格和迷人的法国风度，这些都让亨利八世非常着迷。但聪明的博林不愿只做国王的情妇，她向亨利提出如果他不与王后

◎安妮·博林

离婚，与她正式结婚，她将不愿再与他来往。亨利八世思前想后，反复斟酌，最后还是出于对未来王位继承人的考虑，答应了安妮·博林的要求。

1526年，亨利八世以凯瑟琳不能再生育为由向教皇正式提出了离婚的要求。因为亨利八世与凯瑟琳结婚是经过当时的教皇特许的，婚姻的解除也须经过教皇的允许。按理说，这不是一件难事。然而，凯瑟琳有一个已成为神圣罗马帝国皇帝的侄子——西班牙国王查理五世，这使事情变得复杂起来。这时的罗马刚刚遭到了西班牙和德国人的劫掠，教皇克力门七世实际上受到查理五世的控制。迫于查理五世的压力，他迟迟不批准亨利八世的离婚请求。野心勃勃的亨利八世本着不达目的誓不罢休的原则，决心撇开教皇自行其是。1533年，亨利与博林秘密举行婚礼，行使了属于教皇的"权力"，随之，他又推出一系列改革措施，使自己成为名副其实的英格兰"教皇"。

当然，国王的离婚事件不过是英国宗教改革的一个导火索，宗教改革

的发生还有着深刻的社会与经济原因。16世纪初的英国教会具有强大的经济实力与社会影响力，在英国宗教改革前夕，仅天主教会的大小修道院就达八百多所，其所占有的地产超过英格兰全部土地的四分之一，其年收入竟然大大地超过英王王室的年总收入。教会掌握如此多的地产与财富，使当时正蓬勃发展的资本主义工商业得不到足够的土地与资金，工商业者与乡绅强烈要求瓜分教产。

英国教会此时威信的下降也是宗教改革发生的重要原因。英国的高级教士时常干预世俗生活，高级教士们一般都是在政治、外交、司法等领域取得成就后才被授予圣职。他们进入教会后，并不辞去原有的职务。所以，英国教会的重要人物大多又是朝廷的重臣。这些高级教士热衷名利，而对自己分内的宗教事务置之不理。另外，与欧洲大陆相比，英国教士素质较差，下层教士中大部分人目不识丁。这些问题使英国教会戒律废弛，迷信盛行，威信严重下降。

当时的英国王权正迅速强大，君主专制统治日益巩固，在此基础上，亨利八世要求改变英国的宗教现状，因为英国教会作为罗马教会的一部分并未绝对地成为王权的工具，教会土地和财产对于亨利八世来讲更是极大的诱惑。在这些因素的影响下，英国发生宗教改革已经不可避免了。

（二）宗教改革的举措

亨利八世为获得更多的舆论支持，把离婚是否合法这个问题从宗教法庭撤回，派信使分送欧洲各大学去研究表决。那时大学已经受人文主义的洗礼，几乎异口同声地称亨利八世有理，谴责教皇不该违反近亲不得通婚这一重要法律。

为使他和博林的婚姻合法化，1532年，亨利八世又通过国会颁布了"上诉法"，规定未经国王许可，神职人员不得向罗马教廷交纳首年贡俸，禁止国民向罗马教廷上诉一切案件，禁止英国的教士和教民在遗嘱与婚姻案件等方面向罗马教廷上诉，取消了教皇法庭的最高司法权。同时规定英国的神职人员由英国国王任命，亨利八世就此任命忠于他的亲信克莱默为坎特伯雷大主教。1533年5月，克莱默在凯瑟琳缺席的情况下宣布亨利八世与凯瑟琳的婚姻正式解除，承认亨利八世和博林的婚姻为合法婚姻。6月1日，安妮·博林加冕为王后，至此，亨利八世的离婚案终于画上了一个句号。但安妮·博林的好运并不长，她并未如愿以偿地给亨利八世生下一个王子，只生下又一位公主，名为伊丽莎白，也就是后来的伊丽莎白女王。此后，她逐渐被亨利八世冷落，1536年5月2日，她被逮捕，并以通奸罪处以死刑。

被亨利八世的狂妄所激怒的教皇于1533年发布诏书，判决他的离婚无效，并以开除亨利八世教籍相威胁。亨利八世则针锋相对地发布了一系列对抗罗马教廷的法令，终止向教皇交纳一切岁贡，宣布英国国教是一个独立的民族教会，只服从国王的权威。1534年国会通过了著名的"至尊法案"，明文宣告"国王为英格兰教会唯一的、至高无上的首脑"，并宣布与罗马教皇断绝一切来往，与罗马教廷彻底决裂。此后的英国教会被称为英国国教会，又被翻译为安立甘宗或圣公教，属于欧洲三大新教之一，成为国家机构的一部分，而不再接受罗马教廷的领导，但仍然保留了原来的天主教的重要教义与仪式。

随后，亨利八世又开始着手没收修道院的土地，以此进一步削弱教会实力。1536年2月，议会通过一个解散小修道院的法案，规定凡是在12人以下，年收入不到200英镑的修道院一律查封解散。1539年春，议会又通过了解散一切修道院的法案，1540年3月，英格兰最后一个修道院被解散，修道院制度至此结束。到1539年年底，一共有550所修道院被查禁，转归王室支配的修道院土地的年收入值13.2万英镑，是当时王室收入的三倍以上。亨利八世把这些土地的一部分收归国有,一部分赏赐给亲信和大贵族,一部分出卖给富裕的商人和乡绅,由此产生了一批因土地投机而获利的新贵。

亨利八世主导的英国宗教改革,使英国摆脱了罗马教廷的精神桎梏,形成了英国自己的民族教会,借此英国的王权得到进一步加强,为民族国家的建立扫清了道路。但这次宗教改革因还保留天主教的教义而带有很大的不彻底性,围绕教义与教规出现了新教与旧教的矛盾纷争,导致此后一百多年里英国因宗教问题始终处于激烈的社会动荡之中。

威克里夫为什么被称为"宗教改革的晨星"?

英国宗教改革主要受当时德意志宗教改革家马丁·路德思想的影响,但早在几个世纪前,就有很多英国学者提出宗教改革思想,其中最著名的就是威克里夫(Wycliffe)。威克里夫是牛津大学的著名学者,他写了著名论著《论神圣的所有权》和《论市民法上的所有权》,提出了一系列宗教改革的主张,他主张以《圣经》作为信仰的唯一根据,在人和上帝之间建立一种直接的联系,否定罗马教会和教士的中介作用。他还反对教会拥有世俗权力和财产,反对教阶制度,认为英国作为独立实体不应臣服于教皇,反过来为防止教会腐化堕落,王权应对教会实行监督,主张英国建立民族的廉俭教会。由于对英国宗教改革的深远影响,他被后人誉为"宗教改革的晨星"。

第三节　血腥玛丽

在英格兰她是亨利八世的长女，都铎王朝的女王，她因在位期间残酷迫害新教徒而得到了这个不雅的绰号。

(一) 早年凄惨的生活经历

玛丽·都铎是亨利八世与他的第一个妻子凯瑟琳的女儿，由于亨利八世一心想要一个男性继承人，因此她的降生并未受到父亲的欢迎。玛丽出生不久，大失所望却又满怀希望的亨利八世说道："如果这次是个女孩的话，仁慈的上帝一定会让下一个孩子是男孩吧。"亨利八世和凯瑟琳离婚后，玛丽受到她的继母博林王后的虐待。博林王后之所以憎恨玛丽，主要是因为玛丽将对她和国王以后生养的孩子造成威胁。而当时已经17岁的玛丽对她的继母也不友善，她还顽固地坚持安妮·博林只不过是亨利的姘妇，而非王后，不断恶言相向。这让亨利八世非常恼火，父女关系十分紧张。

不久博林王后生下了伊丽莎白，玛丽就此丢掉了公主的头衔，被她的父王遣送到专为伊丽莎白所建的宫殿里侍候新的公主。亨利八世每次来看伊丽莎白时，总是命令玛丽待在自己的房间，不得出来。一直到博林王后被处死后，玛丽的命运才出现了一点转机。亨利八世的新王后简·西摩鼓励国王同自己的女儿和解，并把玛丽带进了宫廷。同时玛丽也给父亲写了很多充满感情的信，表示出自己的谦卑与恭顺。但亨利却完全不顾父女的

◎玛丽一世

情分，强迫她在1536年7月以书面形式承认她的私生女身份。迫于父亲强大的权威，玛丽只能忍辱答应，不过从此她的处境有所改善。

1547年1月28日，亨利八世驾崩。亨利八世在病重自知不久于人世时，专为王位继承问题留下了一份遗诏。出于对自己往日过分行为的内疚，他没有剥夺玛丽的王位继承权，诏书是这样写的："朕子爱德华乃朕之独子，故朕万岁之后，即由其继承朕之王位……爱德华年满19岁时可允其亲政。倘爱德华无子嗣，即由长女玛丽继承王位；若玛丽仍无后嗣，则由次女伊丽莎白继承。"

（二）天主教的反攻倒算

亨利八世独子爱德华六世即位时不满10岁，由他的舅舅索摩塞公爵（Somerset）任摄政王，在此期间，王室强行推行新教教义，例如废除很多天主教传统的节日，并允许英国的教士结婚。新教权贵趁机侵吞天主教堂，大规模推行圈地运动。残酷剥夺农民的土地财产。新教权贵所表现出的贪婪、腐化、暴虐和凶残，激起了臣民的强烈怨恨，农民的反抗运动此起彼伏，英格兰社会面临分裂的危险。

1553年7月6日，体弱多病的爱德华六世患肺病去世，没有留下子嗣。根据长幼顺序和亨利八世的遗嘱，玛丽应当继承王位。但是，当时继任摄政的诺森伯兰公爵约翰·达德利唯恐信奉天主教的玛丽破坏宗教改革的成果，对新教进行反攻倒算，便在 7 月 9 日另立亨利八世的外甥女简·格雷郡主为王，并下令逮捕玛丽。玛丽及时逃脱，在格雷当上女王，并在北部贵族和乡绅的支持下举兵南下。诺森伯兰公爵的军队纷纷倒戈，玛丽顺利登上王位。

玛丽即位时已经 37 岁，已历尽沧桑，憔悴多病。她在孤苦伶仃的岁月里，坚持从其母亲传下来的天主教信仰，在政治斗争的夹缝中得以幸存。她在即位初

◎亨利八世独子爱德华六世，体弱多病，在位 6 年便去世了。

期，对新教显露出大度和宽容的态度。8 月 13 日，她下令宣布对于宗教信仰可以不加限制，甚至召开了一场公开辩论会，妄图说服新教皈依正统。不想新旧两派形同水火，会上一阵攻讦谩骂，辩论只能草草收场。1553 年 10 月，由新教控制的新议会开幕，宣布撤销以往视玛丽为私生女的法案，但拒绝考虑退还修道院的财产，拒绝恢复教皇在英国的权威。无奈之下，玛丽只得借用王权恢复天主教的影响。1554 年 3 月 4 日，她下令通告全国恢复天主教信仰，这实际上等于置新教于非法。新旧教派势力的消长，给英国又带来动荡。

在她的婚姻问题上，玛丽出于宗教和家族利益的考虑，选择当时的西班牙国王菲利普二世作为自己的夫婿，此举引起英国上下的一致反对。但玛丽坚持己见，残酷镇压了反对她婚姻的骚乱，迫使议会接受她的婚姻选

择,并承认菲利普二世在她有生之年为英格兰的国王。

经历完这场风波,在残酷的政治和宗教斗争压力下,玛丽开始对新教实行残酷的宗教迫害,她相继下令处死了诺森伯兰公爵、简·格雷及其支持者。她还将爱德华六世制定的一些宗教法规予以废除,恢复用拉丁语做礼拜,并下令罢免所有新教教士的职务,恢复天主教会神职人员的职位。

从1555年起,玛丽对新教徒的迫害演变为一场可怕的屠杀。据统计,被玛丽处死的新教徒有270余人,其中包括曾经主持过亨利八世离婚仪式的坎特伯雷大主教克莱默,数以万计的新教徒为免遭迫害而流离失所,四处漂泊,以致历史学家称她为"血腥玛丽"。玛丽的残暴和殉道者惨烈的死亡激发了新教徒的斗志,整个英格兰社会局势动荡不安。玛丽寝食不安,惊恐不已,唯恐遭到暗杀。

1556年,比玛丽小10岁的夫君菲利普成为西班牙国王,他轻而易举地把英格兰拖进了与法国的战争中。而在战争中,英格兰被打败,又丧失了它自百年战争以来在欧洲大陆的最后一个据点——加莱。举国上下对此一片不满与斥责,玛丽女王的威信降到极点。

1558年11月,玛丽因染上疟疾在孤独和恐惧中去世,整个伦敦响起了欢庆的钟声,比她小19岁的同父异母的妹妹,亨利八世与安妮·博林的女儿伊丽莎白公主继位,英格兰就此进入一个崭新的时代。

"血腥玛丽"名称的由来

关于"血腥玛丽"的由来,仅用数字罗列是十分抽象的。一些证据表明,保守估计在玛丽统治期间,3年有300~400人被烧死。这位女王甚至把怀孕的妇女推上火刑柱,在一些可靠的记载中,我们看到这样的景象:怀孕的妇女在大火和紧张的刺激下生下了一个婴儿,婴儿被抱出来,但很快又被士兵扔回到烈火中。

英国的国庆节

英国没有传统意义上的国庆节，只有女王的"官方生日"。英国女王伊丽莎白二世的真正生日是1926年4月21日，而其"官方生日"则定在每年6月份的第二个星期六。每年的这个时候，一向有"雾都"之称的伦敦天气也比较好。其主要活动是由女王亲自检阅"军旗敬礼分列式"，仪式开始时，女王乘坐马车在王室骑兵队的护卫下离开白金汉宫，沿林荫大道前往阅兵广场，检阅500名近卫军士兵。由于星期六本来就不是工作日，因而这一天也不在假日之列。

第四节　伟大的伊丽莎白女王

人们公认她是历史上最伟大的君王之一，如果没有她，英国和西方的历史很可能是另外一个样子。美国著名历史学家威尔·杜兰称赞她说："这位淑女在女性中独赋才学，即使在男性君主中亦很少见。"

（一）坎坷的少女经历

1533年9月7日下午3点，一个美丽的女婴在泰晤士河畔的格林威治宫降生了。这个女婴就是后来鼎鼎有名的英国女王伊丽莎白一世。她的童年颇受磨难，在她不到3岁时，母亲安妮·博林因不忠之名被父亲亨利八世处死，幼小年纪就蒙受丧母之痛。但她要比她的姐姐玛丽幸运，亨利八世对她很好，关注她的成长，因此她受到了很好的教育，可以说和写英语、法语、意大利语、西班牙语、拉丁语和古希腊语六种语言。在她的继母即亨利八世的最后一位王后凯瑟琳·帕尔等人影响下，伊丽莎白成为一个新教徒。

亨利八世死后，伊丽莎白不满10岁的弟弟爱德华做了娃娃国王，大权落入廷臣贵族手里，他们争权夺利，热衷于明争暗斗，年方14岁的伊丽莎白也被卷入政治斗争的旋涡中。摄政王的弟弟托马斯·西摩利用伊丽莎白的一片少女痴情，企图通过和她的婚配篡夺王位。托马斯的阴谋破产后，伊丽莎白也受到牵连，被人看作野心勃勃的妖媚女人，几乎抬不起头来。

玛丽登上王位后，旧教又在英国得势，玛丽不能容忍伊丽莎白的新教信仰，更嫉妒她的美貌。为了生存，缓和与玛丽的矛盾，伊丽莎白违心地接受了旧教，但还是遭到玛丽的猜疑。不久她因涉嫌参与一起阴谋政变而被关进伦敦塔，随时面临和她母亲一样的厄运。幸运的是终因证据不足，在被监禁8个星期后，伊丽莎白被从伦敦塔释放出来，流放到牛津以北约40英里的伍德斯道克，这样，她总算逃脱了这场劫难。

◎少女时期的伊丽莎白

在伍德斯道克，伊丽莎白度过了10个月艰难的流放生活。1555年3月，玛丽最终下令释放她。在此后一段时间，伊丽莎白在玛丽的威胁下苟且生存。1558年11月17日，玛丽去世，没有留下子嗣，按照亨利八世的遗诏安排，伊丽莎白在经历了种种艰辛与苦难后，终于登上了英格兰的王位。

（二）整合内政，重振朝纲

伊丽莎白即位后，面临着一个烂摊子，英格兰国库空虚、财政枯竭，新教与旧教势同水火、矛盾重重，法国和西班牙则对英格兰虎视眈眈。

伊丽莎白即位时，面临的最为棘手的问题就是宗教问题，当时新旧教会势力旷日持久的斗争已经严重威胁国家的统一与稳定。伊丽莎白在

1559年促使议会通过《至尊法令》，确立新教为英国国教，断绝了与罗马教廷的关系，宣布女王为国教会最高宗教领袖，强调教会与国家是密不可分的统一体。玛丽女王原来颁布的那些恢复天主教地位的法律全部被废除。为平息天主教徒的不满，她在制定英国国教教规时对最激进的新教教规做了修改。她的名言是："只有一个耶稣基督，这是唯一的信仰，其余的一切争论都是小事。"她规定原来的天主教徒只要不再效忠罗马教皇，愿意进国教的教堂做礼拜就可以算成国教会的教徒，天主教的教会组织形式和一些传统的礼拜仪式也在国教会中保留下来。这种政策的结果是，在女王统治期间，新教徒和天主教徒基本相安无事，他们之间的仇恨得到缓解，英格兰保持了民族的统一。

但天主教的势力一心想复辟，国内一些天主教贵族和西班牙、法国勾结，企图支持苏格兰的前任女王玛丽，夺取英国王位，恢复天主教的统治。苏格兰女王玛丽坚信天主教，1568年被苏格兰激进的新教卡尔文派废黜，驱逐出境，她逃到英格兰后继续从事反对新教的活动，结果被伊丽莎白囚禁。1587年，全国上下关于苏格兰玛丽的谣言四起，闹得人心惶惶，这时伊丽莎白女王经过谨慎考虑，终于决定将玛丽斩首。这一举措虽然激怒了西班牙，促使西班牙下定入侵英国的决心，但从根本上排除了国内天主教的威

◎伊丽莎白一世（Elizabeth Ⅰ，1533～1603），都铎王朝的第五位也是最后一位君主。她即位时不但成功地保持了英格兰的统一，而且在经过近半个世纪的统治后，使英格兰成为欧洲最强大的国家之一。英国在北美的殖民地亦在此期间开始确立。

胁，以后直到女王去世，再没有出现天主教大规模的阴谋活动。

伊丽莎白一世十分注重争取民众的支持，她在位期间，一共出巡25次。女王在巡行时表现出的一视同仁的和蔼态度，激发了人民忠于她的情感。她还是个出色的演说家，1601年，伊丽莎白发表了著名的"黄金演讲"，其中说道："我只希望，只要我活在人世上，统治英国，我就要为你们谋福利。尽管你们过去有过、将来也可能有许多更能干、更聪明的君王坐在这个王位上，可是你们从来不曾有过、将来也不会有任何一个君王比我更深切地爱你们。"这些举动使她广受民众的爱戴，拥有极高的威信。

伊丽莎白时代，英国的财富积累加快。女王十分注重节俭，王室的岁入常保持在四五十万英镑，宫廷开销仅及玛丽的三分之一。女王即位时，英国还是一个外债累累的国家，到16世纪80年代，英国的财政比1568年增加了两倍。女王还注重拉拢新兴的资产者，这样每到国家财政出现困难时，总会有富人慷慨解囊。

在经济方面，伊丽莎白一世奉行民族自立的方针，大力推进工商业的发展，她首先着重发展与国防相关的采矿、造船等行业，以振兴英国的军事实力。她也比较重视有民族优势的毛纺呢绒工业。她当政仅三年即颁令禁止绵羊、羔羊和羊毛出口，以保证本国呢绒工业的羊毛供应。为了扩大呢绒产品销路，伊丽莎白一世竟于1571年颁令指使举国臣民一律戴国产呢帽，违者处以罚金。由于女王的支持与鼓励，毛纺呢绒工业当之无愧地成了英国最重要的民族工业。伊丽莎白一世还大力支持金融事业的发展，1566年格勒善在伦敦创建的首家证券交易所落成之际，女王御驾亲临，并赐名交易所为"皇家证券交易所"。

（三）女王的婚姻外交

年轻时的伊丽莎白风姿绰约，楚楚动人，如同一朵盛开的鲜花。无论从哪方面来看，她都是全欧洲王公贵族最好的追求对象。因此，在伊丽莎白登基后的前25年中，她一直是各国国王、公子、王侯的"梦中情人"，很多国王期望通过"征服"伊丽莎白而征服英国。因此，对伊丽莎白女王而言，婚姻不只是个人私事，同时也是英国乃至当时世界之大事。

为了保证英格兰的国家利益，女王在自己的婚姻问题上一直遮遮掩掩，以最大限度地争取英格兰的盟友。伊丽莎白先是略施小技，故意引诱西班牙国王菲利普二世，让他产生可以续娶她为后的错觉，同时又装出与世无争、无所欲求的样子，向西班牙使节诉说自己宁可做一个隐居的修女。而到伊丽莎白羽翼渐丰时，她便正式拒绝菲利普二世的求婚，使西班牙国王不可能再用联姻方式控制英国。但她这种策略也使她付出了一生独身的代价，以至于英格兰不论是贵族还是黎民百姓都为女王没有王位继承人担忧。议会两院也再三恳求女王成婚生子。后来，当议会代表团再次恳求女王时，女王戴上了结婚戒指，并说："我已经献身于一个丈夫，这就是英国。"

晚年的伊丽莎白，在英国国内新旧教派势力矛盾日益尖锐的情况下，成为一个反复无常、性情孤僻多疑的老人。她常常阴郁地在宫廷中徘徊，两眼失神地张望着；有时拔出宝剑愤怒地刺向墙上的挂毯，怀疑那里隐藏着敌人。她的抑郁心情越来越重，唯一令她感到欣慰的是，在她的治理下，英国已经强盛起来。她曾自豪地对大臣说："再也不会有像我这样的女王，把满腔热忱倾注于国家，精心料理我的臣民。"

1603年3月，女王病倒了，并失去了语言能力。临终前，她用手势向议员传达了她的遗嘱：立她处死的苏格兰玛丽的儿子——苏格兰国王詹姆士为英格兰王位继承人。3月23日，女王去世，身边的人默默地从她手上取下了那枚象征嫁给英国的结婚戒指。后人在评价伊丽莎白时，说她像"一只凶狠的老母鸡，不动声色地蹲坐着，在她的羽翼下，英国初生的力量，快速地成熟和壮大"。

苏格兰女王玛丽·斯图亚特

玛丽的父亲是苏格兰国王詹姆士五世，她出生六天后其父去世，她即成为苏格兰的女王。根据苏格兰贵族会议既定的联法抗英的方案，5岁的女王被送到法国宫廷作为法国皇太子的未婚妻。玛丽女王17岁那年嫁给了同龄的法国皇太子弗朗索瓦。同年，弗朗索瓦即位为法国国王，玛丽则成了法国王后。1560年弗朗索瓦去世后，她于次年返回苏格兰亲政。因信仰天主教，为苏格兰贵族和加尔文教徒所不满，后来她又卷入谋杀其新任丈夫达恩利勋爵亨利·斯图亚特的阴谋中，引起贵族叛乱。7月24日她被迫退位并将王位传给她的儿子詹姆士。1568年5月玛丽·斯图亚特逃到英格兰，旋即被伊丽莎白一世软禁起来。1587年，她被伊丽莎白一世以谋反罪名押上断头台。

因其传奇而悲剧般的人生经历，她既是历史中饱受非议的女王，又是传奇故事中永远的主角，后人评价她说："如为玛丽·斯图亚特写墓志铭，那她的墓志铭一定应该是：活过，爱过，疯狂过。"

第五节 女王的"海狗"

电影《加勒比海盗》让以骷髅旗为象征的海盗形象风靡世界，但很多人不会想到凶残而十恶不赦的海盗在伊丽莎白女王时代竟是女王的得力助手，海盗头目被封为爵士，海盗船队成为英国又一支皇家海军。被称为"女王的海狗"的海盗成为英格兰掠取财富和打击西班牙的有力武器，也是英国早期海外扩张的急先锋。

（一）海盗的功用

海盗活动在欧洲有着长久的历史，可以远溯至希腊罗马时代，那时在地中海一带就有海盗出没。8世纪左右，北欧维京海盗也很活跃，给当时的不列颠民众带来深重的灾难。由于往日的痛苦记忆，海盗行径在英国一直被视为侵占财富的不义之举，为世人所唾骂。16世纪时，海盗活动更加猖獗。而在英国，由于连年的教派斗争，社会动荡，很多人铤而走险，加入海盗的行列。

这时的英国工商业快速发展，迫切需要大量货币资金以完成原始积累，而进行海外殖民与掠夺是实现原始积累的重要方式。但当时西班牙是欧洲的第一强国，掌握着欧洲最先进的航海技术与最庞大的舰队，英国航海水平明显落后于西班牙。在这种情况下，英国决定采用间接掠夺手段，从西班牙手中夺取财物，海盗掠夺因此成为这一时期英国打击西班牙的有力手段。

第四章 都铎王朝与斯图亚特时代

伊丽莎白女王不仅对海盗针对西班牙的掠夺活动不闻不问，听之任之，还专门发放"私掠许可证"用以鼓励英国海盗进行海外掠夺。这一时期的英国海盗通过申请或是购买得到许可证后，被俘获后就可以作为战俘，不用上绞刑架了。这样，在伊丽莎白女王的保护下，英国海盗掠夺活动得到迅速发展。

此外，为加强对海盗活动的支持，伊丽莎白女王及其英国统治阶级也积极加入海盗活动之中。当时英国的海盗掠夺活动一般以股份公司的形式进行，股份公司的股东通常是英国上层统治阶级、大商人、银行家等人，伊丽莎白女王本人也是海盗股份公司的重要一员，参与股份公司的投资与分红。

> **伊丽莎白一世为什么被称为"海盗女王"？**
>
> 16世纪六七十年代，英国的海盗巨头霍金斯、德雷克、雷利、卡罗比塞等大张旗鼓地组建起海盗企业股份公司，伊丽莎白女王和许多英国贵族都是这些公司的大股东。伊丽莎白女王直接为这些企业提供金钱和船只，甚至连她自己的船都交给了德雷克，自然，海盗们每次都满载而归，女王和贵族们都会赚得盆满钵满。同时女王还借助皇家海盗的力量战胜了不可一世的西班牙，让英国走上了崛起的道路。因此她被称为"海盗女王"。

（二）完成环球航行的海盗德雷克

在众多海盗中，弗朗西斯·德雷克（Francis Drake）是其中最突出、最勇猛的一个。从1572年到1596年死去为止，他进行了一系列大规模的海盗式的军事远征活动，为英国掠夺了大量财富，沉重打击了西班牙，受到女王的奖赏，也引起了西班牙的恐慌。对此曾有人形容"德雷克的航海活动像一条套在西班牙君主脖子上的绞索"。

弗朗西斯·德雷克1545年出生于英国塔维斯托克附近的一个农庄。

由于家庭经济拮据，他还未成年就被送到一条小船上当学徒。1561年船主死去，就把小船遗赠给他。几年的海上生活使他成为一个老练的水手和能干的船主。德雷克的海盗生涯是与他的表哥约翰·霍金斯（John Hawkins）分不开的，约翰·霍金斯是英国最早从事奴隶贸易的海盗，他在几内亚一带抓获黑人，然后送到拉丁美洲以高价出售。

1567年，霍金斯开始进行第三次远航，去抢劫西班牙控制的拉丁美洲，伊丽莎白女王将皇家海军的两艘战舰"耶稣"号和"米尼翁"号借给了他们。德雷克第一次加入表哥的船队，指挥一艘较小的战舰。他们在西非海岸抓捕到一批黑奴，然后前往西属美洲的西印度群岛，因遭遇风暴及西班牙舰队的突袭，许多英国水手被杀。霍金斯和德雷克毕竟身手不凡，各驾一船，逃之夭夭，侥幸生还，一直到1569年才回到英国。但英国军舰"耶稣"号落入西班牙之手，英国朝野一致对西班牙发出开战的呼声。但伊丽莎白女王考虑到双方实力悬殊，没有头脑发热，只是扣留了一艘因风暴停靠英国港口的西班牙运饷船，勒索15万英镑作为报复。

1577年冬，手持女王特许证的德雷克率领"金鹿"号等5艘战舰和164名水手，从普利茅斯港出发，再次前往拉丁美洲。他们在太平洋沿岸的智利、秘鲁等地大肆抢劫，并劫掠海上船只，获得大量财宝。此时，西班牙人已在美洲大西洋沿

◎伊丽莎白女王授予德雷克爵士头衔

岸大大加强了防守兵力。德雷克的舰队在海上遭遇风暴的袭击，为躲避西班牙舰队的拦截，他只能率领仅存的"金鹿"号，在1578年9月冒险穿越当时认为不能通行的美洲南端的麦哲伦海峡，来到太平洋上。西班牙根本没想到会有人跑到美洲后面去进行抢劫，他们在美洲西海岸毫无防备，于是德雷克大显身手，在这里大肆抢劫金银财宝。德雷克接着渡过了好望角，到达几内亚沿岸的塞拉利昂，并最终在1580年回到了普利茅斯港。

德雷克这次航行历时三年，整整绕地球一周，成为历史上继麦哲伦后第二个环球航行的人。英国举国欢腾，迎接这位航海探险英雄的归来。这次获取的财宝更为可观，其确切数字秘而不宣，难为外界所知，只知对英国的财政产生了重大影响。

次年4月，伊丽莎白女王亲自登上"金鹿"号，授予德雷克爵士称号，并任命他为普利茅斯市长。作为对女王的回报，德雷克把他抢到的财物的三分之一送给了女王，其中五颗绿宝石还被镶在女王的王冠上。

这些在海上耀武扬威、不可一世的海盗，回到英国后就成了有身份、有家产的绅士和虔诚的新教徒，他们受到女王的庇护，抢劫所得也要提成上交国库，所以被称为"女王的海狗"。

1595年8月，德雷克和霍金斯两人开始了生平的最后一次航行。途中由于德雷克和霍金斯意见不合，加之西班牙早有准备，因而这次航行很不成功。在横渡大西洋的过程中霍金斯病重去世，德雷克本人也患上痢疾，于1596年1月28日黯然死去。伊丽莎白时代两个大海盗就这样为他们的海盗事业献出了自己的生命。

此后海盗一直是英国海外扩张的急先锋，令西班牙的舰队叫苦不迭，直到17世纪末，英国才开始逐渐取缔海盗活动，但对一些大海盗仍然采取安抚的政策。

最宽最深的海峡——德雷克海峡

连接太平洋和大西洋的德雷克海峡，位于南美洲南端与南极洲的南设得兰群岛之间，东西长约300千米，南北宽达970千米。德雷克海峡不仅是世界上最宽的海峡，也是世界上最深的海峡。它的最大深度达到5248米。如果把两座华山和一座衡山叠放到德雷克海峡中去，那么连山头也不会露出海面。德雷克海峡是世界各地到南极洲的重要通道，由于受极地旋风的影响，海峡中常常有狂风巨浪，有时浪高可达一二十米。

1577年，德雷克在躲避西班牙军舰追捕时，无意间发现了这一海峡。这一发现，为英国找到了一条不需要经过麦哲伦海峡而进入太平洋的新航道。从此，该海峡就以其发现者——英国的弗朗西斯·德雷克的名字命名。

第六节 "无敌舰队"的覆灭

16世纪下半叶,欧洲最强大的国家是最早开拓美洲殖民地的暴发户——西班牙,它控制着拉丁美洲的大部分殖民地,当时统治西班牙的哈布斯堡王朝通过联姻的方式又获得了德意志帝国、尼德兰等地区的统治权,成为欧洲最强盛的霸权王国。从欧洲到新大陆的航道更在西班牙的掌控之下,为了保障自己海上运输线的安全,西班牙建立了当时最强大的海军,这支海军被称为"无敌舰队"(Armada)。

(一)英国与西班牙的交恶

1588年7月,拥有130多艘战舰的西班牙"无敌舰队"从西班牙西北的里斯本港口起航,目的地英格兰。他们这次航行的使命是彻底击垮英国的海上力量,确保西班牙的海上霸主地位。

英国与西班牙的矛盾由来已久,作为当时头号殖民强国的西班牙,势力正如日中天。但西班牙统治者沉迷于专制统治与挥霍享受,漠视本国经济发展,繁华的表象下肌体早已衰败。而英国作为新兴的海上强国,逐渐成为西班牙殖民帝国与海上霸主地位最有力的挑战者。

由于西班牙禁止其拉丁美洲的殖民地和英国开展贸易,英国就借助海盗力量频繁劫掠西班牙运载金银的商船,给西班牙造成巨大的财产损失。1566年欧洲的尼德兰地区爆发了反对西班牙专制统治的革命,伊丽莎白女王给尼德兰革命者以大力支持,不仅让他们使用英格兰的海港,还为他

> 让昏君去害怕吧……我到你们这里来，决心在激烈的战斗中与你们共存亡。我知道，我是一个体弱多病的女人，但我有一颗国王的心，而且是一颗英国国王的心。
>
> ——伊丽莎白一世对皇家海盗发表的激动人心的演讲

们提供武器与资金，英国和西班牙已经到了公开决裂的地步。

1587年伊丽莎白处死苏格兰的前女王玛丽，成为英西战争的导火索。1586年，苏格兰玛丽与西班牙驻英大使、教皇驻英代表，以及英国旧贵族和天主教教士勾结，试图谋杀女王。证据由英国情报部门呈送给伊丽莎白女王，伊丽莎白经过反复斟酌，终于在1587年在英格兰民众的支持下下令处死了玛丽。玛丽的死，是对欧洲天主教会的一次沉重打击，教皇立即颁发特别诏书，号召天主教徒去同英国作战。欧洲天主教和新教的决战——英西战争，正式爆发。

（二）战前双方的实力对比

西班牙的"无敌舰队"拥有134艘战舰，其中60艘是大型战舰，并配备2500门大炮，火炮的最大射程为1800米。整个舰队共3.1万人，其中船员、水手8000人，精锐的步兵2.3万人。其战略思想是利用步兵数量上的优势，运用传统战法，冲撞敌舰，在强行登舰后进行肉搏，以火枪及弓弩刀矛等兵器杀伤敌军，夺取敌舰。

但是"无敌舰队"也有不少缺陷，首先是战舰不足，在舰队中只有3艘葡萄牙战舰和4艘那不勒斯战舰是专为海战而制造；另外17艘巨舰来自加勒比海的护航舰队，平时身兼运输和护航双重任务，实际上属于大型运兵船，而其余的都是加装火炮的武装商船。另外，西班牙舰队的火炮都是近射程炮，火力远远比不上装备多门远射程大炮的英国战舰。

"无敌舰队"总司令是富有经验的陆军将领梅迪纳·西多尼亚

（Medina Sidonia）公爵，他是一流的管理人才，将"无敌舰队"的筹建工作做得井井有条。但是，他的弱点是缺乏海战经验，他对此也颇有自知之明，几次向菲利普二世请辞，但是由于他组建"无敌舰队"的工作非常出色，菲利普二世实在看好他，认定他是最合适的人选，所以他的请辞未被批准。

英国皇家海军创建于亨利八世时代，从诞生之日起就用先进方式训练，注重炮战。英国的船舰上装的多是口径130毫米的长炮，威力虽不及西班牙的加农炮，但射程却超过了对手，达2200米以上。准备迎击"无敌舰队"的英国舰队是皇家海军与武装商船的混合舰队，共有大小舰艇140艘，9000名作战人员全部是船员和水兵。从人数上说，英军尚不及西班牙海军1/3，但英国的战船船身、船楼较矮，船体狭长，重心低，目标小，且速度较快，机动性强，远比西班牙笨拙的大船要灵活。英军的战略思想是充分发挥火炮和机动性上的优势，以火力制胜。查尔斯·霍华德（Howard）任舰队司令，海盗爵士德雷克为其副手。

（三）无法实现的接舷战

1587年7月21日，平静的英吉利海峡掀起层层战浪，人类历史上一场空前规模的海上大厮杀揭开了战幕。这时"无敌舰队"已经驶进英吉利海峡，在英国南部一个港口附近停泊。根据作战计划，舰队应避免在海面上与英国战舰正面接触，而要直接开往敦刻尔克，与西班牙驻尼德兰总督率领的一支陆军远征队会合，随后护送远征队一起在英国登陆。

当天清晨，"无敌舰队"起航不久，就接到了报告："总司令阁下，右前方出现英军的舰船！""多少？""大约170艘，其中大型的有20多艘。"西多尼亚马上走到船的高处，用望远镜仔细观察。他一边看，一边道："嗯，数量不少，但都是小船，不足为虑。传我的命令：改变计划，迎战敌舰。全速逼近敌舰,步兵做好登船作战准备!"英国战舰这时已经渐渐驶近"无敌舰队",刚进入射程,西班牙大炮就轰响起来,海面上掀起一股股水柱。"无敌舰队"排列成几路纵队,全速向英国战舰紧逼。

西多尼亚的意图很明显,西班牙的步兵在世界上是数一数二的,只要靠近并钩住英国战舰的船舷,步兵就能充分发挥作用。不料,英国轻便的战舰行驶速度极快,就是不让西班牙战舰靠近。而西班牙的战舰体积大,满载陆军,行动迟缓,反而成为英国战舰集中炮火的目标。激烈的炮战持续了一整天,到黄昏时分,"无敌舰队"有两支分舰队的旗舰中炮被撞伤,一个分舰队司令被俘。在整个战斗中,西班牙士兵始终没有得到他们传统的接舷肉搏的机会。此后几天里,英国与西班牙舰队又发生了几次小规模的战斗,"无敌舰队"根本无法接近灵活轻便的英国舰队。眼看弹药将尽,西多尼亚只好下令撤退。7月末,"无敌舰队"驶进了多佛尔海峡的加来港,等待补给,并希望与敦刻尔克方面的西班牙军队会合,但是,英国的一支分舰队早就封锁了尼德兰海面,他们根本无法会合。

(四)火攻与天灾

加莱距英国很近,利于登陆,但此处海峡最窄,形成风道,风力比外海还大。西班牙舰只庞大,在狭小的水域不利周旋,英军决定用火攻作为大决战的序幕。

7月28日,多佛尔海峡东风大作,"无敌舰队"的士兵经过几天苦战,早已进入梦乡。午夜时分,突然有人叫醒总司令,急切地说道:"报告总司令:海面上出现了8条火龙,正向我舰队迎面冲来!"西多尼亚来不及穿衣服,就奔到了甲板上。只见8艘外涂柏油,内装火药和易燃物的英国旧商船被点燃后乘着风势,飞也似的向舰队冲来,顿时火舌飞舞,浓烟滚滚。顷刻之间,西班牙舰船燃烧起来。西多尼亚慌忙下令:"马上断缆！马上断缆开航！"舰队阵形大乱。慌忙间，舰船又相互撞沉，到处是舰员士兵的惨叫声。

第二天清晨，英国人抓住战机，向溃不成军的"无敌舰队"发起进攻，他们充分发扬了船只轻快的特点，把西班牙人笨重的大船包围起来，用密集的炮火轰击。西班牙人自相碰撞，损失惨重，这一天，"无敌舰队"6艘大型战舰被炮火轰得失去战斗力，4000多名官兵被打死、淹死。

到傍晚时分，双方弹药都用光了，接着风向改变，西班牙舰队借风力驶过了敦刻尔克，英舰停止追击。西多尼亚见登陆无望，只得命令舰队进入北海，绕过不列颠群岛返航西班牙。在一周的海战中，"无敌舰队"损失船舰28艘，数千人伤亡，而英舰未失一艘，伤亡不足百人。

然而回程途中，"无敌舰队"在苏格兰以北的奥克兰群岛附近又遭遇到了大西洋风暴，许多船只沉没，几千名船员被风浪冲到爱尔兰西海岸，为英国当地人俘虏杀害。

1588年10月，"无敌舰队"的残部灰溜溜地回到了西班牙，出发时蔚为壮观的134艘军舰，只剩下67艘惨不忍睹的破船了，菲利普二世无奈地哀叹道："我派'无敌舰队'是去和人作战，而不是去和大海作战。"

"无敌舰队"覆灭后，西班牙从此一蹶不振，逐步衰落下去，而英国一跃成为海上强国，逐步夺得了海上霸权，取代西班牙成为新的海上霸主。

◎英国舰队打败西班牙"无敌舰队"的海战

英国皇家海军有着怎样的辉煌历史？

英国皇家海军从1546年正式组建以来,其强弱与国家兴衰紧密联系在一起。英国海军开始仅是一支不起眼的力量,后经不断扩充,发展成为世界上首屈一指的强大海军,先后曾击败过16世纪末西班牙"无敌舰队"、17世纪荷兰舰队、18世纪法国海军。截至1938年,英国海军舰船总吨位达214万吨,数量近700艘。目前海军兵力37500人,有作战舰艇137艘,后勤辅助舰艇80多艘,舰艇总吨位居于世界第三位。

专题　最受欢迎的英国作家：莎士比亚

剧作家威廉·莎士比亚是世界上最受欢迎而且知名度最高的英国作家，他的戏剧作品脍炙人口，研究他的文章汗牛充栋，他作为一代文坛巨匠在世界文学史上浓墨重彩地写下了辉煌的一页。

（一）戏剧迷

威廉·莎士比亚1564年4月23日出生在英格兰中部沃里克郡斯特拉福城一个上层市民家，莎士比亚2岁时，父亲当选为斯特拉福市议员，两年后任市长。莎士比亚7岁起进入本城免费的圣十字文法学校，先后学习了拉丁文法、逻辑、修辞、演说和历史。

他5岁那年，女王剧团前来巡回演出，满城轰动，万人空巷，一票难求。幼小的莎士比亚睁大眼睛，被舞台上千姿百态的人物迷住了，从此他深深迷上了丰富多彩的戏剧艺术。到16世纪70年代，斯特拉福城已成为剧团经常光顾的地方，接踵而至的戏剧演出，陶冶了他稚嫩的艺术心灵，对他之后的人生抉择产生了潜移默化的影响。

后来家道中落，他辍学经商。1587年，莎士比亚抛下妻子儿女，孑然一身来到伦敦，在一所剧院当杂役。他在打杂之余，勤学苦练演戏的技艺，时常抽空去观摩其他剧团的演出，注意博采众长，同时广泛接触都市各阶层的生活，丰富了社会阅历。

（二）名篇巨著

当时，伦敦的剧团对剧本的需求非常迫切，因为一出戏要是不受观众欢迎，演出就得停止，另换新的剧目。1588年莎士比亚着手改编旧剧本，很快便转入戏剧创作，仅仅三四年，他的剧作已显示出他光彩四溢的才华，广受关注。莎士比亚在其二十多年的创作生涯里，一共完成了35部戏剧和154首十四行诗。

◎莎士比亚

莎士比亚的历史剧中除《约翰王》是写13世纪初英国历史外，其他八部是内容相衔接的两个四部曲：《亨利六世》上、中、下篇与《理查三世》；《理查二世》《亨利四世》上、下篇与《亨利五世》。莎士比亚最早的历史剧《亨利六世》分上、中、下三部，描述英法百年战争和玫瑰战争的历史片段，歌颂英勇作战的英军将士，谴责不仁道的内战，把亨利三世刻画成昏庸无能、软弱胆小的国王。这些历史剧塑造了一系列正、反面君主形象，反映了莎士比亚反对封建割据，拥护中央集权，谴责暴君暴政，要求开明君主实行仁政的人文主义政治与道德理想。

《驯悍记》《仲夏夜之梦》《威尼斯商人》《无事生非》《皆大欢喜》和《第十二夜》等十部喜剧大都以爱情、友谊、婚姻为主题，主人公多是具有智慧与美德的青年男女，通过他们争取自由、幸福的斗争，歌颂进步、美好的社会风尚，宣扬了爱情至上与个性解放，同时也温和地揭露和嘲讽了社会上层人物的衰朽和丑恶，如禁欲主义的虚伪、高利贷者的贪婪等。其中的《威尼斯商人》堪称喜剧中的不朽名著。剧中的威尼斯富商安东尼奥为人慷慨好义，乐善好施，招致高利贷者夏洛克的不满。安东尼奥为了资助好友巴萨尼奥成婚，向夏洛克暂借3000元，夏洛克声称如安东尼奥到期不还钱要割去他身上的一磅肉。由于货船出现事故，安东尼奥不能如期还款，夏洛克借此硬要其割肉履约。巴萨尼奥的妻子将计就计，假扮律师提出履约割肉绝不能带出一滴血，不能多割或少割，更不能伤害生命，步步紧逼，反守为攻。夏洛克非但败诉，而且失去了自己的财产。今天，"夏洛克"已成为贪鄙阴毒的代名词，通用于世界各国。

> **莎翁名言**
>
> 金子啊，你是多么神奇，你可以使老的变成少的，丑的变成美的，黑的变成白的，错的变成对的……

1601年，在伦敦环球剧院里上演了莎士比亚最著名的悲剧《哈姆雷特》，剧中莎士比亚塑造了哈姆雷特这个具有人文主义思想的人物形象，哈姆雷特乐观、勇敢、有胆识、有思想，是人文主义理想的化身。他从家庭遭遇联想到社会的丑恶，奋力搏斗，手刃奸王，报了父仇。他为正义而顽强斗争的精神，永存世世代代读者的心中。莎士比亚成功地运用独白来刻画哈姆雷特的性格和感情，语言时而急促，时而隐晦，时而粗硬，时而深沉，表达了丰富而深刻的思想。在以后四年时间里，莎士比亚又接连写出了《奥赛罗》《李尔王》和《麦克白》，这三部连同《哈姆雷特》，被称为莎士比亚的四大悲剧，在莎士比亚的戏剧创作中，有着极为重要的地位。

第五章

革命与变革

由于宗教改革的不彻底,英国宗教界出现了天主教、国教、清教三大派别,它们为争夺各自教义在英国的合法性展开了激烈的斗争,最终与国王、中产者主导的议会的权力之争交织在一起,引发了英国革命,英国进入革命时代。到1688年,经过"光荣革命",天主教势力被彻底赶出英国,并建立了君主立宪的政治制度,最终解决了英国的宗教与政治矛盾,英国自此进入相对稳定和平的发展时期。安定有序的社会,为工业革命营造出有利的环境氛围,也为英国通过渐进的政治变革的方式建立现代民主制度创造了条件。

第一节　推翻国王的暴政——英国革命

16世纪中期宗教改革后建立的英国国教仍然保留了许多天主教残余，在此背景下出现了"清教"运动。与此同时，英国的专制王权有日益强化的倾向，王国与议会出现尖锐的对立与矛盾。这样政治矛盾与宗教矛盾交织在一起，最终17世纪中叶英格兰掀起了轰轰烈烈的革命运动。

（一）君权神授

1603年，伊丽莎白女王死后无嗣，这样与王室血缘关系最近的苏格兰的詹姆士六世继承英格兰王位。詹姆士六世是被伊丽莎白女王处死的苏格兰女王玛丽·斯图亚特的儿子，即位后在英国称詹姆士一世，从而开创了斯图亚特王朝的统治。

詹姆士本人不了解英格兰的社会与政治环境，于是沿袭他在苏格兰的专制统治经验，力主维护绝对君主制度，认为国王是臣民之父，可凌驾于一切集团之上。他着力宣扬"君权神授论"，认为君主不仅拥有来自神的权力，还拥有与神同等的地位，他把自己的"君权神授"主张写成《自由君主制度的真正法律》一书，加以宣扬。他还重用宠臣，纵容贪污腐败，生活奢侈，挥霍无度，使得原本已经十分拮据的王室财政更是入不敷出。他被迫按照传统召开议会，要求批准加增新税，而议员们则借机批评詹姆士一世的内外政策，最后双方剑拔弩张，不欢而散。

1625年詹姆士一世病逝，25岁的查理王子登位，为查理一世。查理说话口吃，处事优柔寡断，比詹姆士更远离臣民。查理继承了其父"君权神授"的观念，坚持国王的权力高于议会。这样，王权与议会变得水火不容。议会为制衡王权，在1628年通过了"权利请愿书"，规定不经议会同意不得随意征税，不得随便逮捕他人或剥夺他人的财产。查理一世索性解散了议会，从1629年开始实行了11年的个人专制统治，从而破坏了自中世纪就开始的"王在法下"的宪政传统。

此后，查理一世不仅大肆出售专卖权，垄断肥皂、煤、盐等日用品的贸

◎詹姆士一世

易，还屡屡开征"船税"等新税，严重违背了《大宪章》确立的国王不经议会批准不能征税的原则，导致举国上下的一致反对。

（二）清教

在亨利八世宗教改革期间，英国大都市如伦敦的许多工商人士和乡村的自由农民接受加尔文教的教义而产生"清教思想"，他们主张清除国教中天主教的影响，改革国教的礼拜仪式和教区事务，被称为"清教"（Puritanism）。他们满怀宗教热忱，勤勉工作，很快形成一股强大的社会力量。

16世纪末，在清教各集团中形成了两个主要派别，即长老派（Presbyterian）和独立派（Independents）。长老派要求革除主教职位，而以教徒自己选出的长老组成宗教会议管理教务。独立派不仅否定主教的权

力，而且否定由长老组成的宗教会议的权力，主张每一宗教团体都要按照大多数教徒的意见进行管理。

詹姆士一世唯恐清教运动影响他的专制统治，不断迫害清教徒，在1604年一年就罢免了400名信奉清教的官员。随后，查理一世更是变本加厉，诛除清教，他任命性情偏激、心狠手辣的威廉·劳德（William Laud）为坎特伯雷大主教，依仗星座法庭对各种出版物严加审查，取缔清教的言论和礼拜仪式，并对清教徒进行残酷的人身迫害，清教徒领袖多被处以枷刑、烙刑和割耳刑。清教徒对此极为愤恨，一些人渡海移居北美，留在国内的人则伺机以武力反抗国王的宗教迫害。

1637年，劳德在查理一世的支持下命令苏格兰教会接受带有强烈天主教色彩的祷告书，立即遭到苏格兰民众的坚决反对。苏格兰民众表示不能服从劳德的命令并组织军队发动叛乱，发誓要与查理一世抗争到底。1639年，苏格兰军队攻进英格兰领土，战争爆发。查理一世见情势危急，为筹措军费，只好在1640年4月紧急召开议会，而议员们此时对查理早已失去好感与信任，他们不仅拒绝了国王筹款的要求，还要求国王废止原来实行的船税，恼羞成怒的查理在议会召开3个星期后就解散了它。

这时苏格兰人的起义军队不断扩大，他们占领了英国北部的纽卡斯尔等地。在英格兰国内，伦敦和其他城市的手工工人和城市平民也发生了暴动。各地人民纷纷递交请愿书，要求召开议会。10月，查理一世与

◎ 查理一世出猎图

苏格兰人在里朋（Ripon）签订了停战协定，被迫答应每天付给苏格兰人850英镑的费用，直到最后和约的签订。但连这笔款项，查理一世也无处筹措。走投无路之下，他不得不在1640年11月3日又重新召开了新的议会。这届议会断断续续一直存在到1653年，历史上称为"长期议会"。"长期议会"成为反对以查理一世为首的封建专制势力的领导中心，所以这就成为英国革命开始的标志。

（三）议会与国王的对立

长期议会召开后，议员们再次对查理一世的专制统治发难，他们纷纷谴责国王破坏议会的权力。议会在11月还先后以叛国罪的名义逮捕了为虎作伥的查理一世宠臣斯特拉福伯爵和劳德大主教，称这两人应对国家的错误政策负责，并最终逼迫查理在他们的"死刑判决书"上签字。议会借机扩大战果，随后通过了一系列限制国王权力的法律，包括禁止征收船税，取消专卖制度，重申一切税收都必须经议会同意，每三年必须召开一次议会，而本届议会则必须由它自己宣布解散，同时废止国王的专制工具——星座法庭和高级宗教法庭。

随着时间的推移，议会内部发生了分裂，保守派与激进派在国家最高权力归属与宗教问题上的分歧越来越大。1642年1月，查理率亲兵强行进入议会所在地威斯敏斯特宫，企图逮捕皮姆、汉普登等激进派议会领袖。皮姆等人事先得到消息，躲进伦敦，伦敦市民手持武器，自发武装起来阻止查理一世进城捕人。

查理一世知道他在首都已经失去支持，于是在1月末离开伦敦，向北方撤退。1642年8月，查理在诺丁汉城建立大本营，他指称议会造反，背叛国王，应该予以征讨，内战由此爆发。

（四）旗帜分明的阵营

英格兰的大多数民众不支持内战，大约只有十分之一的人卷入内战之中，控制上议院的封建贵族大多支持国王，他们控制着英格兰北部和西部地区。而支持议会的大多是清教徒，以商人和城市市民居多，他们控制着英格兰的东南部，尤其是沿海商业发达的地区。

内战开始时，国王军占了上风，但由于议会从商人与伦敦市民那里取得了资金上的援助，实力越来越大。而国王军因缺乏军费，结果到1645年弄得连军饷都发不出来，军心涣散，最终在1647年被克伦威尔指挥的"新模范军"击败，议会最终取得了内战的胜利。

星座法庭

英国在"光荣革命"以前，政治相当黑暗。都铎王朝时期，国王亨利八世在普通法院之外建立了许多像星座法庭这样的特权法庭，这些法庭完全不受法律的约束，任意秘密逮捕、秘密审讯、处罚，甚至杀害对其专制统治稍有不满的人们，镇压政治上的反对派。到了斯图亚特王朝时期，这种野蛮政治更甚于前，查理一世通过特权法庭残酷镇压人民反抗，任意剥夺人民和政治反对派的生命、自由，其政治残忍性使英国人在专制统治被推翻数年后提及还心有余悸。

第二节　叱咤风云的统帅——克伦威尔

奥利弗·克伦威尔（Oliver Cromwell）一直是英国政治史上一个备受争议的人物，在2002年英国广播公司（BBC）举办的20世纪英国十大伟人的评选中，克伦威尔名列第十。他受命于危难之际，一举打败了国王军，直至把国王送上了断头台，但不久他又在名不副实的共和国里建立军事独裁统治，这位统帅就此兼有救世主与暴君的两面性。

（一）临危受命

克伦威尔1599年4月25日出生于亨廷顿郡一个中等贵族家庭，父母都是虔诚的清教徒。他早年在剑桥大学攻读自然科学、历史与法律，上学时接受了清教的信仰，成为清教徒，后回乡经营农场。

青年时期的克伦威尔体魄雄健，坚毅勇敢，喜欢搏击骑射，有超人的胆略和远见，思维敏捷，擅长辩论，具备"乱世枭雄"的典型气质。1628年与1640年他两次被选为议会议员，因思想激进且能言善辩而引人注目。

内战初期，议会军队屡遭败绩，大多数议员畏惧国王的权势。议会军队首领曼彻斯特伯爵甚至说："我们打败国王

克伦威尔的早期生活

离开学校后，克伦威尔回到家乡，靠种田和收租过日子。一晃二十多年过去了，这时的克伦威尔一点都不像一个英雄人物，整天忙于养家糊口，应付家里的十几张嘴。

99次,他仍是国王,国王打败我们一次,所有的人都要被绞死,子孙后代都要做奴隶。"这种心理长期存在于议会阵营中,因此议会军行动迟缓,害怕与国王军正面交锋。国王军乘胜前进,一度逼近伦敦。为扭转战局,议会与苏格兰结盟,双方同意相互支援,并肩与查理一世作战。

在此时刻,克伦威尔应召入伍,他在家乡及时招募一批精通骑射、清教信仰坚定的自耕农组建了一支军队,加强军事训练。这支军队奋力搏杀,屡建战功,从63人发展到1100人,成为议会军队的中坚,因骁勇善战被誉为"铁军"。

(二)连战连捷

1644年7月2日下午7时,在英格兰北部的马斯顿荒原上,克伦威尔指挥的"铁军"与国王军展开血战。"轰隆!""轰隆!"议会军队的炮弹像长了眼睛似的直向国王军的阵地飞去,频频击中目标,国王军队陷入一片火海之中。正当他们被打得晕头转向的时候,又传来了一阵喊杀声,原来议会军的骑兵出其不意,抢先发动进攻,冲了过来。骑兵们个个身骑高头大马,人人手举雪亮马刀,朝着国王军阵地猛杀过来。国王军仓促应战,但很快被骁勇善战的骑兵部队击溃,虽经左冲右突,仍旧逃脱不了覆灭的命运。仅仅一个晚上,国王军就有4000多人被杀,1500人被俘。通过这次胜利,议会的军队稳住了阵脚,逐渐夺取了战场上的主动权。

此后克伦威尔推动议会下院在1645年1月通过《新军法案》,以"铁军"为核心扩充为"新模范军"(New Model Army)。这支纪律严明、素质优良的新模范军建军之初只有2.2万人,战争结束前夕达7万人。

以新模范军为主力的议会军队很快扭转了战局,1645年6月14日凌晨,在英格兰中部纳西比(Naseby)山庄附近,国王军与议会军展开了最后决战。查理一世想用闪电式的攻击突破议会军的阵地,然而,正当他的突击队伍追击议会军的副将时，克伦威尔的骑兵已经突破国王军的右翼，直接攻入国王军的后方。查理一世大惊失色，连忙化装成仆人，骗过议会军的哨兵，逃到苏格兰。国王军全军覆没，被俘5000多人，军事物资统统被议会军缴获。纳西比之战，议会军几乎消灭了由查理一世亲自指挥的全部部队，获得了决定性胜利。1646年6月，逃亡到苏格兰的查理一世被苏格兰军队俘虏，

◎英国政治家、军事家、宗教领袖奥利弗·克伦威尔

1647年2月被苏格兰人以40万英镑的高价交给英格兰议会，内战暂时告一段落。

（三）处死国王

国王军被打败了，但革命阵营内保守的长老派和激进的独立派之间的斗争却日趋激烈。长老派控制下的国会为削弱独立派的力量，于1647年2月强行通过裁军决议，准备解散大部分军队，剥夺克伦威尔军权，并拒发军饷。国会的不当做法弄得将士们群情激愤，克伦威尔当机立断，在8月初率军进驻伦敦，逼迫国会投降，以克伦威尔为首的独立派军官集团掌握了政权。

但此时，军队内部也发生了独立派与政治上更为激进的平等派的分裂矛盾，查理一世借机逃脱，妄图复辟。1648年2月，国王军在英格兰西南部暴动，挑起了第二次内战。面对国王军新的威胁，独立派与平等

派齐心协力，远征苏格兰，彻底击败国王军，结束了战争。同年12月，查理一世再次落入克伦威尔军队手中，被囚禁在威克岛，面临革命者的处置。

1649年1月，最高法庭展开了对国王的审判，在经过四次开庭审理之后，以"叛国罪、挑起内战罪、破坏法律罪和英国人民自由罪"判处查理一世死刑，并于1月30日执行。

处死查理一世引起整个欧洲王室的谴责与声讨，克伦威尔也就成为英国历史上第一个也是最后一个明目张胆的"弑君者"。处决查理一世以后两个月，下院通过废除上院、将政权交给国务会议的法案，克伦威尔出任国务会议主席。1649年5月19日，国会宣布英国为共和国，建立共和政体。

◎ 查理一世行刑图

（四）最后统一不列颠

共和国成立之后，克伦威尔掌握了英格兰的军政大权。为转移国内人民的视线，特别是士兵的不满情绪，克伦威尔开始发动对爱尔兰和苏格兰的战争。

爱尔兰是大不列颠西边的一个岛屿，信奉天主教的教徒在1641年发起"爱尔兰反抗"，杀死当地清教信徒，在1649年控制了爱尔兰大部分地区，他们表示效忠查理一世，与克伦威尔的共和政府对立。

1649年3月,英格兰议会决定,由克伦威尔担任远征军总司令征讨爱尔兰。克伦威尔很快组建了一支由130艘战舰组成的庞大舰队,配备1.2万名全副武装的士兵,开进爱尔兰。克伦威尔命令,凡是看到有武器的爱尔兰人格杀勿论,对于反抗轻微的爱尔兰居民,则卖到西印度群岛去当奴隶。1652年5月经过血腥镇压,克伦威尔终于征服了爱尔兰,并通过了《爱尔兰处置法》,没收当地天主教徒的一切土地,分配给清教徒和他的军队,这样克伦威尔和高级军官都得到了爱尔兰的大片土地。

1650年9月,他又率军远征苏格兰,打击支持查理一世之子查理王子在爱丁堡复位的苏格兰人。9月3日在英格兰西部的伍斯特(Worcester)附近,查理王子的军队被克伦威尔的军队彻底打败,全军覆没,查理王子侥幸逃脱,被迫逃亡法国。1652年5月,克伦威尔的军队占领了苏格兰全境,英伦三岛宣告统一。

(五)军事独裁统治

克伦威尔班师回朝后,信奉"王在法下"的议员们纷纷让他退出军职,把军权交给议会。权倾朝野的克伦威尔岂容大权旁落,决心用武力解决问题。

1653年4月20日上午,克伦威尔获悉议会正召开会议,准备了一个新的选举法以对抗自己。"我马上到议会去!"克伦威尔听到这个消息,来不及更换礼服,就带领一支300人的军队冲入了议会。"议员们,你们继续在这里坐着已经是不合时宜的行为了,

> 我的愿望……我希望在不久的将来,你们能宽恕将我送至此的那些人,因为他们的声音并不属于他们自己。同时,我也希望你们能继续享受作为一个英国国民所能享受到的自由,但愿这不是奢求。宽恕是君主的特权,现在,我将它留给了你们。
>
> ——查理一世死前发言

我想你们必须要让位给比你们更加适合这里的人们！"克伦威尔以响亮的嗓音高喊着。"你怎么敢污辱议会！"胆子大些的议员们愤怒地指责克伦威尔。"够了！够了！"克伦威尔一面跺着脚一面高喊道，"我不承认你们这个议会，我取缔你们的议员资格！"接着，克伦威尔指着议员们说，"你们自称是议会？不！你们不是，我再说一遍，你们不是议会，你们当中有酒鬼、淫徒、不敬神者，你们道德败坏……你们这些道德败坏的人，玷污了上帝，你们不配成为代表上帝选民的议员，走吧，通通离开这里，以上帝的名义，离开这里。"经过一番撕扯打骂后，1640年建立起的长期议会被解散了。

1653年12月16日，一场英国历史上绝无仅有的就职仪式在伦敦市政厅举行。克伦威尔被宣布为英格兰、苏格兰和爱尔兰组成的共和国的护国主。在士兵的欢呼声中，克伦威尔登上最高统治者的宝座，接过玉玺和宝剑，名副其实的军事独裁政权就这样建立起来了。

克伦威尔任护国主后不久在全国各地成立了11个"军管区"，每一个军管区由一名将军统治，除了镇压反对势力、承担防御事务之外，将军还拥有管制地方政府的权力，甚至本身就兼任地方政府首长，克伦威尔的权势借着军管到达全国各地。

克伦威尔全力在英国推行清教，他不仅宣布英国国教会和天主教会为非法，罢免旧教的神职人员，还制定了严格的清教戒律，要国人按清教成规行事，不仅不可喝酒，不可赌咒，安息日还不可出门，店铺不可营业，连在外面"闲逛"都会受到惩罚。

> 克伦威尔在听到枪声和在指挥一个中队时，已经43岁了。人们不禁要问，一个未经过军事训练的乡下绅士怎么能打败在欧洲经过最著名的军官专门训练的士兵呢？回答是，克伦威尔具有一种天赋的作战才能。
>
> ——查理·费尔斯
> 《克伦威尔传》

晚年的克伦威尔失去了往日的骁勇和威风，精神极度紧张，时常提防被人暗杀。他在重病之际感到恐惧，害怕自己残酷镇压异己的事情得不到上帝的宽恕。当听到牧师的宽慰后，他松了一口气说："我得救了！"1658年，克伦威尔在指定儿子理查德为护国主的继承人后，于9月3日下午3时与世长辞，被安葬在威斯敏斯特大教堂里。

《航海条例》与英荷战争

1651年，为进一步维护英国的海外贸易，克伦威尔领导的共和国政府通过议会颁布的《航海条例》规定：凡从欧洲运往英国的货物，必须由英国船只或商品生产国的船只运送；凡从亚洲、非洲、美洲运往英国或爱尔兰以及英国各殖民地的货物，必须由英国船只或英属殖民地的船只运送，违者没收其运载货物。这使得依靠海上中转贸易获利的荷兰受到极大限制，英、荷为此爆发第一次海战，最后荷兰实力不济，被迫承认了《航海条例》。

第三节　天主教复辟的失败——"光荣革命"

1688年"光荣革命"是对英国历史有极大影响的历史事件，它以宫廷政变的方式废黜了不得人心的"天主教徒"詹姆士二世，彻底摆脱天主教会对英国的统治，就此正式确立了君主立宪的制度，英国此后一直保持了相对稳定的政治环境，为英国向现代化国家迈进创造了良好的政治条件。

（一）斯图亚特王朝的复辟

克伦威尔原希望儿子理查德能延续护国主的政体，继续统治，但理查德的能力远不及他的父亲，懦弱无能的他根本无法驾驭军队飞扬跋扈的将领，结果反被操纵，不到8个月就在1659年5月25日被迫辞职。英国陷入了权力真空状态，原来执掌大权的军队一下子群龙无首，实力大减，为议会重新取得最高权力创造了机会。

1660年2月3日，驻苏格兰军队司令蒙克（Monk）借口恢复过去的长期议会，率领军队武装占领了伦敦。蒙克本来就是个保皇派，当时迫于革命形势才转到国会这方面。他到达伦敦后，马上按斯图亚特王朝时期的选举法召开了新国会，多数议员也都是亲国王军派。国会决定与流亡国外的王室妥协，扶持查理一世之子查理二世复位，这样英国也上演了一场与二百多年后中国的"张勋复辟"一样的历史场景，但英国斯图亚特王朝复辟的历史影响远大于如闹剧般的"张勋复辟"。

查理在荷兰的布列达发表《布列达宣言》，声称："内战期间没收的国王军和教会的土地所有权将不做变动，承认信教自由，停止宗教迫害，除直接参与处死查理一世的人以外，其他反对过君主制度的人一概不予追究。"1660年5月，查理王子由荷兰返回不列颠即位，称查理二世，英国臣民盼望他能为英国带来传统的秩序，放烟火、鸣钟以示欢迎。

◎ 查理二世

但好景不长，查理二世即位不久就把自己昔日慈悲心肠的诺言丢到九霄云外，开始对原来的革命者进行反攻倒算，他一再扩大"弑君者"的范围，甚至连当时反对处死国王的革命者也难逃一死。克伦威尔的尸体从坟墓中被挖出枭首示众，曾经审判查理一世的最高审判庭成员全部被判处死刑，内战期间没收的一些王室、教会土地也被收回。接着议会又颁布限制性法令，将清教徒逐出国家机构和国教会，要求一切教士遵奉国教，禁止国教会以外的任何公开礼拜，国教重新取得统治地位。

在外交上，他实行亲近法国的政策，甚至出卖英国的国家利益。当年查理二世仓皇逃出英国后，就来到法国避难。法国国王按英国国王的礼遇招待他，不仅提供给他锦衣玉食，还积极帮助他复辟。查理二世想着要知恩图报，为此他在1662年与法国签订条约，把克伦威尔从西班牙人那里夺得的、有"欧洲大陆钥匙"之称的敦刻尔克以20万英镑的低价卖给了法国。

查理二世的做法引起举国上下的一致反对，在1679年的议会选举中，查理二世的反对派占据了议会多数。

尽管查理二世有时也不顾议会反对一意孤行，但他毕竟已经无法像他父亲那样为所欲为了，国王不能再随意征税，也不可以任意制定法律，议会重新成为英国的政治权力中心。在这一点上，斯图亚特王朝复辟是有着积极的历史意义的。

（二）天主教徒詹姆士二世

1685年查理二世去世，尽管他不乏子嗣，但都是私生子，按照英国的法律传统，私生子是绝对没有继承权的，最后只能由他52岁的弟弟约克公爵詹姆士继承王位，史称詹姆士二世。

围绕詹姆士的继承权问题，议会曾发生激烈的争执，一部分惧怕天主教复辟的议员联合起来，组成辉格党（Whigs）。而另一部分则拥护詹姆士，主张维护教会的权威，他们被称为托利党（Tories），这两大派别成为英国两党制的雏形。

詹姆士二世即位后大力推行天主教，他不仅宣布天主教徒信仰自由，给予他们平等的公民权利，还任用一些天主教徒担任政府、军队与大学里的高官要职，在宫中接见罗马教皇的代表，甚至在宫廷里公开举行天主教的祈祷仪式，这让当时的英国国教教会大为反感与恐惧。

同时，他还沿袭查理二世的亲法政策，降低法国商品进入英国的关税，潮水般涌入的法国商品给英国本土手工业带来很大冲击。他还接受法国的财政援助，力图恢复被压制很久的天主教的地位。当坎特伯雷大主教与其他六名主教请求国王重新考虑其宗教政策时，詹姆士二世勃然大怒，以"煽动、诽谤"的罪名将这些人逮捕，这样国王与议会在宗教和外交上的对立冲突到了不可调和的地步。

这时，詹姆士二世晚年得子，他的王后玛丽为他生下一个小王子。詹姆士二世按天主教的仪式为其进行了洗礼，这样就断绝了议会对詹姆士二世最后的希望。原本英国的国教教徒指望由他信奉新教的两个女儿玛丽和安妮公主继承王位，那样英国还是以新教为国教，可小王子的出生使这个希望破灭了。于是，被后世称为"光荣革命"的宫廷政变开始了。

(三) 不流血的"革命"

1688年，英国国会的七名重要议员秘密集会，他们联名写信请求荷兰的执政威廉率军前来英国，帮助捍卫英国人的自由。他们选中威廉的原因很充分：威廉的妻子是詹姆士二世的长女玛丽，而且夫妻二人都是新教徒，如果他们继承王位，王位的正统原则和新教原则就最充分地结合在一起了。

威廉接到邀请信后喜出望外，当时他正与法国开战，亟须得到英国的支持，如若当上英国国王，对抗法国的力量将大为增加。1688年11月5日，威廉率领600多艘船只、1.5万军队在英格兰西南部德文郡的托尔湾（Torbay）成功登陆，很快得到了当地信奉新教的乡绅与贵族的支持。英国军方虽然集结了4万军队与之对抗，但主要将领都避免与威廉的军队交战，一些军官甚至公开倒戈，像英国著名首相丘吉尔的祖先——当时的英军少将约翰·丘吉尔和英国皇家海军都宣布归顺。王室成员也顺应形势，詹姆士二世的小女儿安妮进入威廉的阵营，伦敦市议会也代表市民欢迎威廉的到来。12月18日，威廉率领的军队在未遭遇任何抵抗的情况下，长驱直入伦敦，彻底控制了英国的政局。

眼看大势已去，詹姆士二世害怕遭到和父亲查理一世一样的厄运，想出逃奥地利，但途中被截获送回伦敦。当然，议会与威廉并不想取他性命，在被押往英国港口城市罗切斯特途中，詹姆士二世提心吊胆，不知女婿会如何处置他。一天晚上他发现看守他的士兵放松了戒备，心中大喜过望,赶紧在12月25日带着王后与新出生的小王子乘船逃往法国。其实这是威廉对他网开一面的安排,议会也因此省去了如何处置国王的难题。詹姆士二世最终客死他乡,而那位信仰天主教的王子终生也没放弃夺回英国王位的努力,但英国新教势力的地位已经完全巩固,斯图亚特王朝再没有第二次复辟的机会了。

1689年2月,议会全体会议通过了詹姆士二世"退位"的决议,并宣布威廉和玛丽登上王位,共同统治英国。在此之前,议会发布了《权利法案》,规定以后国王不经议会同意不能停止任何法律的效力,也不能决定使任何人免受法律的制裁。国王不经议会同意不能征收任何赋税,也不能在和平时期征集和维持常备军。法案宣布议会的言论自由,议会必须定期召开,全体人员都有请愿的权利,等等。同时规定禁止天主教徒继任国王,也禁止王室成员与天主教徒结婚。威廉虽心有不甘,但他的王位是议会给的,为取得英国王位只得接受这些条款。法案以法律的形式限制了王权,终于在英国确立了君主立宪制的政体形式,并正式明文承认了议会高于王权的政治原则。

英国经过"光荣革命"最终建立了君主立宪制度,并沿袭了英国通过温和的渐进道路解决国内社会矛盾的传统。在以后的几个世纪中,英国既无内战,又少有外患,英国终于形成了适应资本主义经济快速发展的政治和社会环境。在这个环境中,英国把重商主义推进到极致,建立起重商主义的庞

◎威廉和玛丽共同执政

大帝国，并对外大举开发殖民地，建立了庞大的殖民帝国。同时，英国又率先发动划时代的工业革命，把一个曾经只在文明边缘徘徊的小小岛国推向了世界舞台的中心。

汉诺威王朝的建立

"光荣革命"之后，议会在1701年通过《王位继承法》（Act of Settlement）。根据此法，威廉三世之后，王位应该传给玛丽女王的妹妹安妮。由于安妮没有直接继承人，在她之后，王位应传给斯图亚特王朝的远亲、信奉新教的德国的汉诺威（Hanover）选帝侯。1714年安妮女王去世，詹姆士一世的曾孙汉诺威选帝侯乔治继承王位，称乔治一世，开始了汉诺威王朝的统治。

第四节　工业革命

人类在过去200多年创造的物质财富要超过以前整个文明社会5000年的总和，这一切都要归功于18世纪后半期首先在英国发生的工业革命，工业革命不仅开辟了人类物质文明的走向，而且为大英帝国的崛起一锤定音。

（一）纺织业的技术变革

印度成为英国的殖民地后，印度的棉织品迅速打入英国市场，英国本地的棉纺织业面临巨大的竞争压力，这就迫使该行业迅速改进技术，提高劳动生产率。由于棉纺织品作为生活必需品，市场前景最为广阔，最早的技术革新也就出现在这一行业。

英国的织布技术原本非常落后，工人一会儿把梭子往左抛，一会儿把梭子往右抛，一天织不了几尺布。1733年，有个名叫凯伊的机械师发明了飞梭，只要用绳子一拉，梭子就会很快飞去，一下子把织布的速度提高了好几倍。但他的发明在当时并没有受到人们的欢迎，织工们纷纷抱怨这项发明害得他们面临失业，对凯伊恨之入骨，凯伊四处躲藏，最后只好坐船逃到法国去了。

虽然发明家本人受到了不公正的待遇，但飞梭的使用还是很快推广开来，织布的速度大大加快。这样一来，又出现了新的矛盾，即纺纱与织布的比例严重不平衡，长时期里出现"纱荒"。

纺纱机械的真正突破性发明,要数木工兼织工哈格里夫斯在1765年发明的"珍妮纺纱机"了。这项发明是棉纺织业发明中具有里程碑意义的标志性发明,因此也有人把这一年看成工业革命的开端之年。

1765年,兰开郡的纺织工詹姆斯·哈格里夫斯一天晚上回家的时候,不小心踢翻了女儿的纺纱车,他没有马上扶起纺纱车,却站在那里发愣,原来他看到被踢倒的纺纱车的轮子还在转,只是原先横着的纱锭现在变成直立的了。他突然产生一个新奇的想法:把几个纱锭都竖着排列,用一个纺轮带动,这样不就可以同时纺出许多的纱了吗?

于是,哈格里夫斯动手设计了一个能同时带动八个纱锭的新纺纱机,使纺纱速度提高了八倍。哈格里夫斯把这个发明归功于女儿珍妮,就给这个纺纱机取名为"珍妮纺纱机"。此后,哈格里夫斯不断研究,最后使一台纺纱机可同时纺出80～120根纱,大大提高了劳动生产率。但哈格里夫斯也遭到了和凯伊同样的境遇,他在家中进行试验成功后,不久又造了几架机器出卖,结果触犯了众怒,一些工人强行砸碎了他的机器,他被迫跑到诺丁汉郡,他的发明也被人剽窃了,由于当时还没有有效的专利保护制度,他也奈何不得。这位杰出的发明家,最后几年却过着穷困潦倒的生活。

珍妮纺纱机虽然可以一次纺几十根纱,但机器的动力却主要靠人工手摇,因此又有人试图解决动力问题。1768年,一个叫阿克莱特的理发匠推出了水力纺纱机,他自己还

◎珍妮纺纱机模型

在曼彻斯特建立了一个水力纺纱厂，几年后就拥有了数千纱锭和300名工人。1792年他去世时，因经营利润巨大的机纺业而成了百万富翁，还受封爵士。

珍妮机纺出的棉纱纤细但不结实，而水力机纺出的纱结实粗硬，但触感上有点粗糙，于是又有人动脑筋想办法。1779年有人发明了骡机，把珍妮机和水力机的优点结合起来，通过这种机器，在水力的作用下，一次可有三四百个纱锭转动，纺出的纱精细且有强度，既可作纬线，也可作经线。

由于纺纱速度的加快，纺与织之间供求的平衡再一次被打破，现在又轮到对织布机来做改造了。在许许多多的新发明中，以卡特莱特发明的水力织布机最受欢迎。用这种织机工作，生产效率可提高十倍，一台织布机可以抵得上40个手工织匠同时劳动。这样，在棉纺厂之后，英格兰各地又出现了许多织布厂。

随着纺和织的技术日新月异，许多相关部门也相继采用了新的机器，棉纺织业便成了第一个全部采用机器生产的近代工业部门。

(二) 瓦特改良蒸汽机

由于以水力为动力存在着自然地理环境的局限性，这就迫使人们去寻找和发现新的动力来源，从而导致了蒸汽机的发明。

一提到蒸汽机，很多人都以为是瓦特发明了蒸汽机，但实际上蒸汽装置的最早发明者并不是瓦特，而是一个叫巴本的法国物理学家。巴本在1689年设计了一种大气压蒸汽抽水机，它借蒸汽冷凝形成真空，从而靠活塞在汽缸中的运动造成大气压，形成机械动力，虽然在理论上有划时代的突破，但可惜活塞运动形成的动力不足，没有多大实用意义。

第一个把蒸汽的力量用于工业目的的是苏格兰五金商兼铁匠托马

斯·纽可门,他通过加装配有冷水喷射器的锅炉,研制成功动力更大、有实际功用的蒸汽机。当时纽可门蒸汽机的主要用途是为矿山排水,即把英国煤矿里的水抽出来,到18世纪中叶几乎有100多架这样的机器被人们使用。但纽可门蒸汽机有两大缺点:一是煤耗量很大,效率很低;二是只适用于抽水时所需要的直线运动。这两个缺点最终都由詹姆士·瓦特设法补救。

> 科学绝不是一种自私自利的享乐。有幸能够致力于科学研究的人,首先应该拿自己的学识为人类服务。
>
> ——瓦特

1736年1月19日,瓦特出生在苏格兰格拉斯哥市的一个富裕商人家庭,父亲是个造船工程师,瓦特在父亲的工厂里度过了自己的少年时代,学会了操纵机械、使用器具,并掌握了作为一名精密机械工应了解的技术。

1756年,瓦特在格拉斯哥大学的一个机械车间当上仪器修理员,这是他一生的转折点,一方面该校具有较完善的仪器设备和先进技术,为他的工作创造了良好的技术条件。更重要的是,他在这里结识了英国化学家、物理学家布莱克等著名学者,他从他们那里学到了许多科学理论知识,这对他后来的发明工作有很大的裨益。

1764年,瓦特在修理纽可门蒸汽机时,在布莱克教授的指导下,他找到了这种蒸汽机耗煤量大、效率低的原因,原来是汽缸在使气体膨胀和用水冷凝时一热一冷,损耗大量热量。瓦特于是在

◎瓦特像

> 蒸汽机的历史意义，无论怎样夸大也不为过。它提供了治理和利用热能、为机械供给推动力的手段。因而，它结束了人类对于畜力、风力和水力由来已久的依赖。这时，一个巨大的新能源已为人类所获得。
> ——美国历史学家斯塔夫里阿诺斯

1765年发明了把冷凝过程从汽缸中分离出来的分离式冷凝器，从而大大提高了蒸汽机的工作效率。1769年，瓦特为自己的新技术申请了专利，并于1775年制造出自己的节能蒸汽机。

初战告捷后，瓦特马上把精力投入解决蒸汽机的活塞只能作往返直线运动的问题中，经过不懈努力，他想到把活塞往返直线运动变为旋转的圆周运动，这样就可以实现动力的传动。同年，他研制出了一套被称为"太阳和行星"的齿轮联动装置，终于把活塞的往返直线运动转变为齿轮的旋转运动。

为了进一步提高和增大蒸汽机的效率，瓦特试制出了一种带有双向装置的新气缸，并把气缸里的蒸汽由低压蒸汽变为高压蒸汽，由此瓦特获得了他的第三项专利。

由于瓦特对蒸汽机的改造做出了卓越的贡献，致使后来的人误认为是瓦特发明了蒸汽机，瓦特从而赢得了"蒸汽机之父"的美誉。

1819年8月，功成名就的瓦特在伯明翰附近的家中去世。他的讣告中是这样形容他改进的蒸汽机的："它武装了人类，使虚弱无力的双手变得力大无穷，健全了人类的大脑以处理一切难题。它为机械动力在未来创造奇迹打下了坚实的基础，将有助并报偿后代的劳动。"

（三）世界工厂

蒸汽机的发明与推广，造成铁、煤需求的激增，因此引发了冶金业、采煤业的技术变革，推动了煤炭与钢铁产量的增长，煤炭与钢铁是工业化的两大标志,钢铁炼造工艺的改进以及产量的迅猛增长,为机器制造业的兴起奠定了基础。随着工业化的深入,机器结构越来越复杂,精密度要求越来越高,手工生产的机器已不能满足需要,于是催生了一门新的行业——机器制造业。1820年前后,专门的机械厂开始建立起来,为全国各地的工厂输送机器设备,英国由此从原始的手工作坊阶段一下进入机器大工业阶段。英国成为当时世界上唯一的机器设备出口国,英国就此成为当时主导工业生产的世界工厂。正如英国历史学家克拉潘所言:"当18世纪之末,新动力和新机器连同它们几乎无穷无尽变革中的能力在不列颠突飞猛进的时候,他们震撼了这个社会。"

第一次世界博览会

1851年5月1日,成为世界工业霸主的英国,终于可以向全世界炫耀它的工业文明与财富了。就在这一天,英国举办了有史以来的第一次世界博览会。博览会的中心是位于伦敦海德公园的一座完全由玻璃和金属建成的巨型建筑——水晶宫。水晶宫占地19英亩,高度为20.7米,长度为563米。数千名工匠花费22周时间才完成,总造价高达8万英镑,这在当时是一个令人难以想象的天文数字,可见,水晶宫本身就是英国富裕的标志。

水晶宫内陈列着约1.4万家厂商提供的展品,其中英国厂商约占一半,这与英国在世界工业生产中的地位基本一致。作为第一个完成工业化的国家,英国提供的几乎全是工业品,而外国提供的几乎都是农产品或手工产品。英国参展的物品,代表了世界工业未来的发展方向。

第五节　两党制的确立与工党的崛起

当今英国政坛是典型的两党制，保守党与工党互相竞争，交替执政，成为控制英国政坛的两大政治势力。但目前执政的工党在20世纪初还是一个不起眼的小党派，它在风起云涌的工人运动中迅速崛起，一举成为英国左派势力的大本营，取代自由党成为两党制中的一党。

（一）两党制度

在1832年第一次议会改革期间，托利党和辉格党开始分别演变为保守党和自由党。其中"保守党"的名称衍生于法语，因为当时托利党人反对议会改革，努力保持陈旧的政治传统。而后，托利党发生分化，罗伯特·皮尔重建托利党，公开采用了"保守党"的称号。"自由党"源于西班牙语。1831年议会改革进入高潮时，辉格党政府几次提出改革议案，托利党人恼羞成怒，用"自由党"一词贬称他们，此后，"自由党"逐渐取代"辉格党"，成为英国激进政治势力的名称。

1868年11月举行的大选中，在下院总共658席中，自由党获得387席，自由党领袖格雷斯顿组阁，确立了多数党内阁作为内阁组织的主要形式，从而揭开了英国两党制新的一页，也即开始了已发展为具有现代意义的资产阶级政党——自由党和保守党在成熟的两党制轨道上运行的交替执政时期。

此后，一党长期盘踞政府的现象彻底结束，在野党被称为"国王陛下忠诚的反对党"，其批评、监督和限制执政党以及"后备政府"的作用得到政界的充分肯定，英国的两党制度逐渐成熟起来。

经过大约20年的努力，到20世纪初，自由党和保守党均建立了比较完备的现代化组织系统。它们在结构上都呈金字塔形，塔的顶端是党魁，党魁不仅直接控制本党议员、中央总部和全国性组织，还间接地操纵着本党的基层组织和附属组织。两党现代组织系统的完备化，标志着英国两党制度的确立。

（二）工党的建立

19世纪晚期，在马克思主义的传播和影响下，英国的工人运动蓬勃发展，一些左翼社会组织相继诞生，如社会民主联盟、社会主义同盟，还有后来对工党产生重大影响的费边社（Fabian Society）。费边社是由一群精明的中产阶级知识分子在1884年创立的。费边社的名称源于古罗马将军费边，他以主张迂回和避免决战的缓进战略著称于世，费边社这一名称代表了该组织思想主张的特征。费边派反对激烈的变革，主张通过一点一滴的改良，逐步改变社会的资本主义性质，和平过渡到社会主义。

19世纪末20世纪初，英国企业主加强对工人运动的压制，他们闭厂停工，摧毁工会组织，削减工人工资，并通过司法部门惩罚工会罢工活动。工人们迫切要求选举代表参加竞选进入国会，保障自己的权益。在此情况下，一些工人政治组织相继诞生，如1888年建立的苏格兰工党、1890年建立的布雷德福劳工联合会等。

经过一定时间的准备，1900年2月27～28日，来自各工会和左翼社会团体的129名代表在伦敦召开特别代表大会，宣布成立劳工代表委员会。它给自己规定的主要任务就是争取能把更多的劳工代表选进议会。在1906年的议会大选中，劳工代表委员会取得了意想不到的胜利，提出的

50名候选人，竟有29人当选，这一胜利震动了整个英国政坛，同年它采用了"工党"的称谓。

（三）工党的执政尝试

在1922年的大选中，工党当选的议员人数超过了自由党，从此，工党逐渐取代自由党，成为英国政治生活中的两大政党之一，这样工党就具有了执政的可能性。

1923年的大选，工党获得191席，自由党获得159席。由于保守党坚持关税壁垒，经济政策上过于保守，致使失去90个议席，虽然还是下院中最大的党，但已不再拥有过半的多数了。1924年1月，在自由党的支持下，工党成立了第一届工党政府，工党领袖麦克唐纳成为第一位来自工党的首相。

由于是第一次执政，工党缺乏处理国家日常行政事务的经验，又是突然受命组阁，工党经受了一次严峻考验。这届工党政府的唯一作为就是制定了一项"住房法"，对工人阶级的住房发放建筑补贴，并计划在15年内建造250万套住宅以刺激经济。

工党政府在外交上承认了苏联，并且想和苏联签订一项双边条约。保守党和自由党怀疑工党企图与俄国的布尔什维克勾结，于是就联起手来，力促工党政府倒台。于是他们策划了一起"季诺维也夫信件"事件，污蔑工党与苏联控制的共产国际勾结，拿英国的国家利益做交易。工党百口难辩，只执政了10个月，就在10月底的大选中输给保守党，失去了执政地位。

1929年，工党利用群众对当时经济状况，特别是严重失业情况的不满，击败保守党再次组阁。在新议会中，工党议员占有288席，使工党第一次成为多数党。第二届工党政府组成后，制定了有关公共工程和经济发展的广泛计划。不幸的是，不久就爆发了世界经济危机，经济危机的直接后果是失业人数激增，工党政府在是否削减失业救济金等政府公共开支问题上左右为难，进退维谷。1931年8月，工党内阁倒台，只留下已经是"无军之帅"的麦克唐纳留任了5年由保守党人控制的"国民政府"的首相。此后一直到"二战"结束，工党一直处于在野党的地位，直到1945年7月末在战后第一次大选中获胜而重获政权。

英国议会改革

在19世纪，针对"英国议会选举控制在贵族与金融寡头手中"的不合理现状，英国在1832年、1867年与1884年相继进行议会改革，逐渐取消了历史遗留的"衰败选区"，把议员席位向企业主占优势的工业发达地区倾斜，一步步减少了选民的选举资格，扩大选举权，最终实现了成年男子的普选权。

资产阶级通过议会改革，大举进入议会，他们利用议会政坛，以和平改革的手段一步步排挤着贵族寡头的政治统治，逐渐扩大资产阶级民主，把英国推上了资本主义发展的崭新时期。19世纪中叶，英国得以执世界资本主义之牛耳，正是1832年改革为其奠定的政治基础。

专题　诗坛双圣——拜伦与雪莱

19世纪初,在英国的诗坛同时出现了两个明星般的诗人:拜伦和雪莱,在当时欧洲的政治夜空上,二人如同启明星一般照耀着大地,启迪着人们的心智。拜伦与雪莱经历极为相似,他们都出身于豪门贵族,且又都背叛了自己的阶级而同情下层民众的反抗斗争,他们都赞扬法国大革命,讴歌自由与平等。他们在恋爱婚姻上都几经波折,既受家庭的打击,又遭社会的迫害。两位年轻的诗人都先后被迫离开了自己的祖国,最终盛年早逝,长眠在异国的土地上。

(一) 诗坛"拿破仑"——拜伦

拜伦是英国浪漫主义文学的杰出代表,他在1788年1月22日出生于伦敦,他的父亲是一个没落的贵族,终日挥霍无度,婚后把妻子的财产耗尽后,弃家浪迹欧洲,没多久就死在法国。由于家庭婚姻的不幸,拜伦的母亲性情非常暴躁,她常常无缘无故地大发脾气,而拜伦便不幸成了母亲发泄愤怒和不满的牺牲品。

除家庭的不幸外,拜伦天生跛足的残疾也给他的生活带来了很多痛苦。拜伦生下来就是个美男子,卷曲的头发,白净的小脸,清澈明亮的大眼睛,可惜右脚畸形,天生跛足与英俊外表的奇特搭配让他满心羞愧,对此极端敏感。为弥补身体上的缺陷,拜伦积极进行体育锻炼,他学习骑马、拳击、摔跤、击剑、射击和游泳。游泳是他最热衷的锻炼项目,成年后的拜伦竟然用一个多小时泅渡了达达尼尔海峡,他也因此成为当时英国最优秀的游泳健将之一。

拜伦10岁时,他的大伯父去世,拜伦承袭了爵位,成为第六世拜伦勋爵。不久,他被送入贵族学校哈罗公学,继而在1805年进入剑桥大学三一学院深造。拜伦在剑桥大学学习期间,按照自己的喜好,广泛阅读了欧洲和英国的文学、哲学和历史著作,他在学校除了以善于谈吐和阅读广泛闻名外,他的敏感好斗也是出了名的。每当有人嘲笑他的残疾时,他总能以非常的勇气打败对手。

1807年,拜伦开始从事诗歌创作,出版了他的第一部诗集《闲散的时光》,这些诗除了反映对上流社会的蔑视和对现实社会的不满外,还对底层民众表达了真挚的关爱与同情。这本诗集发表后拜伦自然也受到很多非难,翌年,权威文艺刊物《爱丁堡评论》上刊登了一篇对这本诗集极端尖刻的评论:"把感情抒发在一片死气沉沉的沼泽上。"为了回应这一批评,拜伦在1809年发表了讽刺诗《苏格兰诗人与苏格兰评论家》,攻击主张清幽复古的保守诗派。这首诗使拜伦在英国诗坛声名鹊起,初露锋芒。

此后,拜伦开始周游欧亚各国,开阔视野,他在旅途中酝酿并创作了著名的诗歌体游记《恰尔德·哈洛尔德游记》。此诗一出版,反响强烈,读者纷纷抢购,一年之内竟再版五次。拜伦名声大振,就连他自己也在日记

◎拜伦

中不无得意地写道:"早晨我一觉醒来,发现自己已经成名,成了诗坛上的'拿破仑'。"此后,拜伦又以极其旺盛的精力开始了鸿篇巨制《唐璜》的创作。从1818年到1823年,他共写了十六章又十四节。它以主人公唐璜的传奇经历为线索,展示了一幅包罗万象的19世纪欧洲文明宏伟画卷。诗中描绘了西班牙贵族子弟唐璜的游历恋爱及冒险等浪漫故事,揭露了社会中黑暗、丑恶、虚伪的一面,奏响了自由、幸福和为解放而斗争的战歌。

热爱自由的拜伦不仅以诗讴歌自由,鞭挞专制,而且身体力行,积极投身民族解放运动。在希腊爆发反抗土耳其的民族独立运动中,他不惜变卖自己在英国的田产来支持希腊人们的正义斗争,并在1823年投笔从戎,率领一支志愿军队支援希腊人民的起义。在战场上,他身先士卒,英勇抗敌,深得希腊人民的爱戴。1824年4月,拜伦在大风雨中骑马出巡,受风寒,一病不起。4月18日复活节这天,希腊人民为了让患病的拜伦免受惊扰,一改放花炮庆祝复活节的习惯,用肃静来祈祷他的康复。然而,在复活节的第二天,他就告别了人世,成为永远活在希腊人民心中的英雄。同年6月,他的遗体被运回英国,安葬在故乡的土地上。

(二)自由的天使——雪莱

1819年,一首饱含对春天热切呼唤的长诗《西风颂》从英国吹向世界文坛。诗中写道:"西风啊,冬天已经来临,春天还会遥远吗?"这首诗的作者就是英国著名浪漫主义诗人雪莱。

1792年8月4日,雪莱出生在英国苏塞克斯郡霍舍姆一个富裕乡绅家庭,他家是当地的名门望族,祖父是当地最富有的人,父亲是下院议员。雪莱自幼富于反抗精神,与他家庭保守的氛围格格不入。雪莱12岁时进入贵族学校伊顿中学学习,他秉性孤傲,才华出众,对学校里不平等的清规戒律拒不接受。为此他遭到高年级学生甚至一些教师的嫉恨,不断受到侮辱和迫害。雪莱不仅没有屈服,而且培养出强烈的反抗精神。他不愿听老师们那些陈腐的说教,而是花大量时间去做自然科学实验,阅读18世纪法国启蒙主义思想家伏尔泰、卢梭等人的著作。

1810年雪莱从中学毕业时,接受了无神论思想。他进入牛津大学后不久,就和朋友合写了一本宣传无神论思想的小册子《无神论的必然性》,引起教会人士的攻击与谩骂,不久他就被学校开除了,雪莱保守的父亲竭力劝说他放弃无神论的主张,但雪莱固执己见,不肯屈服,父亲一气之下,和他断绝了父子关系,把他赶出家门。

◎雪莱

雪莱身无分文,只好在妹妹的接济下生活。这时他认识了妹妹的女友哈丽特,哈丽特也是一个富有反抗精神的少女,也因父亲的迫害而离开了家庭。两人一见钟情,认识没多久,就跑到苏格兰的爱丁堡结了婚。婚后两人一起来到爱尔兰,投身到爱尔兰人民反抗英国统治的斗争中。雪莱写了一本小册子《告爱尔兰人民书》,到处散发。在这本小册子中,雪莱主张戒酒、济贫、读书、讨论,做有道德、有智慧的人,以博得世人的尊敬和支持,取得民族自由和宗教解放。

1813年,雪莱创作了他的第一部著名长诗《麦布女王》。它通过女主人翁艾安的眼睛,纵览人类社会悲惨的过去、可怕的现实和美好的未来,表达了诗人自由、平等、博爱的社会理想，批判了封建制度的专横残暴。

1818年年底，雪莱从英国到意大利居住，从阳光淡薄的岛国进入明媚温丽的地中海，经常以云彩、山花、流水、飞鸟入诗。罗马碧蓝的天空、怒放的春花和醉人的春意，触发了他巨大的创作热情。他接连完成了三幕诗剧，后来又增写了第四幕，这便是《解放了的普罗米修斯》。诗剧的特点是为普罗米修斯树立了新的形象，从一个与天神宙斯妥协的人变成不屈的斗士，他创作这篇诗作是希望每个人都获得自由，每个人都是解放了的普罗米修斯，永远沐浴在自由的光辉中。

到达意大利后，雪莱很清醒地认识到，自己的政治理想在当时的英国是很难实现的，此外婚姻、生活的波折都让雪莱感慨："我在生命的荆棘中跌倒！鲜血淋漓！岁月的重负如枷锁般抑制着我的灵魂。"可是雪莱就像西风一样骄傲、机敏、桀骜不驯，永远乐观。雪莱在流传最广的名篇《西风颂》中，借西风横扫落叶的威猛势力来比喻革命力量扫荡反动势力，又借西风吹送种子来比喻革命思想的传播。雪莱在诗作结尾处发出了响彻云霄的预言："西风啊，冬天已经来临，春天还会遥远吗？"

1822年7月8日，雪莱在海上航行时遇到暴风雨，覆舟身亡，年仅29岁。几天后，人们在海滩上发现了他的尸体，他的心脏被安葬在罗马的一个墓地，碑文是"心的心"。

第六章

日不落帝国的兴衰

　　从 17 世纪开始，英国展开了大规模海外殖民，通过西班牙继承战争与七年战争等一系列争霸战争，英国最终打败了宿敌法国，夺取了北美和印度的控制权，在 19 世纪维多利亚女王时代成为不可一世的"日不落帝国"，英国的米字旗升起在太阳能照耀的每一个角落。但从 19 世纪下半叶开始，由于英国没能充分把握以电气革命为明显标志的第二次工业革命的机遇，被迅速崛起的美国与德国超过，英国的霸权与辉煌自此一去不复返了。

第一节　殖民侵略的急先锋——东印度公司

伊丽莎白女王统治后期，随着国力的增强，英国殖民者和商人出于在海外争夺殖民地资源的需要，建立了一系列殖民贸易公司。这些公司除了有着经济贸易的特征外，还具有很多特殊的政治与军事职能，其中最著名的当数赫赫有名的东印度公司。

（一）东印度公司的成立

16世纪下半叶的英国正处在重要的历史转折时期，在都铎王朝最后一个女王伊丽莎白一世统治时期，英国经济有了一定发展，海洋运输部门异军突起。地理大发现和新航路的开辟，特别是西班牙与葡萄牙通过航海贸易获得惊人财富的消息大大刺激了英国商人，他们纷纷为海外贸易寻找新的商业形式。

1588年，四个伦敦商人发起了一家贸易公司与土耳其进行贸易，1592年其与威尼斯公司合并成为土耳其公司，这就成为后来的英国东印度公司的雏形。当时荷兰人凭借强大的海上实力，打破葡萄牙人的霸权，逐渐控制了东印度与欧洲之间的香料贸易，获得巨大财富。英国商人绝不愿意让荷兰人独揽丰厚的利润，他们迫切希望成立一个新的商业组织机构来从事海外贸易活动。

1599年9月，以土耳其公司为首的伦敦商人开始集资筹建东印度公司，9月24日，57名投资者举行了全体会议，推举出15人组成董事会，向国会申请与东印度进行贸易的垄断权。英国国会经过辩论于1600年下半年批准了公司的申请，12月31日，伊丽莎白女王颁发特许状，规定只有这家公司才有权与好望角以东的地区进行贸易，东印度公司自此正式成立。

（二）印度的诱惑

公司成立之初，目光确实只盯着香料，头几次出海的目标都是亚洲的香料群岛，他们以每磅六便士的价格买进胡椒等香料原料，运到伦敦等地以六至八先令卖出，纯利润高达95%。但他们很快发现用本国的金银去购买香料并不是最佳方法，欧洲和英国国内对于香料的需求是有限的，很快就呈饱和状态，而印度这块拥有广袤的土地、众多的人口和丰富的物产的次大陆对英国才是最重要的。东印度公司将活动重点逐渐转移到印度，贸易范围也迅速扩大。

当时印度正处于莫卧儿王朝统治时期，1601年，英国商人的第一批船队到达印度，但是由于葡萄牙人从中破坏，公司未能从印度方面取得贸易特许权。1608年，英国派使者来到印度请求通商，被莫卧儿王朝皇帝拒绝。1612年，英国在印度东海岸的苏拉特附近海域打败了葡萄牙的舰队，第一次显示了其军事实力。莫卧儿皇帝想利用英国人制衡葡萄牙人，于是在1613年颁发敕令给予英国商人贸易特权，以后英国人逐年都得到一些许可，在印度的西海岸和东海岸建立了一系列的商馆。1698年，在获得莫卧儿皇帝的准许下，英国东印度公司买下了盛产大米、黄麻的加尔各答附近的三个村子，筑起威廉堡，作为公司董事会的所在地和公司在印度的军事基地，后来在威廉堡基础上逐渐形成印度的重要城市加尔各答城。

到18世纪中叶，东印度公司在印度的商站总数已经达到了150多个，并建立了马德拉斯、孟买、孟加拉三个管区，分别由公司董事会任命的省

◎英国东印度公司在英国的总部

督进行管理，俨然一个国中之国，成为他们在印度进一步殖民扩张的基地。

东印度公司从印度输出的商品主要包括棉织品、丝织品、香料、蓝靛、黄麻、硝石和漆、糖等，1678年起茶叶成为又一大宗，1678年公司的一份清单所罗列的商品达70种以上。英国东印度公司以低廉的价格在印度大量收购各种产品，然后将这些产品运回欧洲高价出售，获取高额利润。

（三）统治印度的"商人政府"

随着东印度公司在印度势力的增长，他们开始索取更多的贸易特权。1715年，东印度公司强迫莫卧儿王朝皇帝发布敕令，给予公司在印度全境及加尔各答附近村落的经商特权。与此同时，公司还取得了一切商品的关税豁免权，公司在孟买所铸的钱币，也准许在印度全境流通。18世纪上半叶，东印度公司在印度的势力进一步扩大，成为印度一股重要的政治势力，变成英国统治阶级推行对外扩张政策的重要工具。东印度公司也开始了商人公司到商人政府质的转变。

到18世纪中叶，东印度公司在印度的扩张获得了极为有利的外部环境。当时印度的莫卧儿王朝已经病入膏肓，统治基础日益薄弱，葡萄牙和荷兰的势力也已经衰落，唯一能对英国构成威胁的法国在七年战争中被英国打败，被迫退出印度，它在印度的商业据点和势力范围也尽入英国之手，东印度公司就成为英国进行殖民侵略的先锋，一步步蚕食印度的国土。

印度的孟加拉省成为东印度公司吞并的第一个目标，孟加拉是当时印度经济最发达的地区之一。一方面，它盛产棉花和生丝，是英国棉纺织业理想的原料供应地。另一方面，孟加拉的棉纺织业也很发达，该地生产的纺织品在欧洲市场上素负盛名，英国商人也可从运销中获取优厚的利润。

1756年，孟加拉的土邦王公多拉对东印度公司擅自扩张地盘非常不满，他向东印度公司提出交涉但没人理睬，于是勃然大怒，在法国的支持下，他派军袭击占领了加尔各答的英国据点，并把当地的英国人全部驱逐出去，从而引发战端。在1757年的普拉西战役中，由于孟加拉军队的统帅被英国人收买，按兵不动，结果英国不到3000人的军队打败了8万人的法印联军，多拉本人被英军杀死。普拉西战役之后，法国势力被逐出了孟加拉，英国人成为孟加拉的实际统治者，到1765年，英国东印度公司接管孟加拉政府，最后完成了对孟加拉的吞并。

孟加拉被吞并后，英国东印度公司在孟加拉成了一个"以商人面貌出现的政府"，主宰了孟加拉的一切。根据印度经济学家的统计，1757～1780年，英国人从这里掠夺的货物和金银共达3800万英镑。东印度公司的残暴统治使富庶的孟加拉一片荒凉，生灵涂炭，仅1770年的一次饥荒，就饿死了1000万人。

此后英国以东印度公司为先锋队，又进一步向印度的腹地发展，他们玩弄权谋，利用当时印度各王国的矛盾，挑拨离间，各个击破。1849年，英国又吞并旁遮普，最终完全控制了印度。

到18世纪下半叶，随着英国工业革命的展开，英国本土资本家对东印度公司对印度贸易的垄断越来越不满。同时英国东印度公司对印度的残暴掠夺，特别是对孟加拉的破坏性掠夺，使当地经济濒于破产，严重影响了公司股东们的收入，影响了英国的财政收入，也引起英国政府的担忧，于是，英国政府开始着手收回对印度的管理权力。

1858年8月2日，英国国会通过了一项"关于改善治理印度的法案"，决定结束英国东印度公司在印度的活动，由英国政府的印度事务大臣直接治理印度，印度为大不列颠帝国的一部分，东印度公司正式结束了对印度的直接统治。

东印度公司最终在1874年1月1日解散，当时的《泰晤士报》评论说："在人类历史上它完成了任何一个公司从未肩负过，和在今后的历史中可能也不会肩负的任务。"

第二节　海军军神纳尔逊

英法特拉法尔加海战是19世纪规模最大的一次海战,英国在这场海战中取得巨大胜利,并确立了海上霸主地位。英国海军司令纳尔逊在此次战役中被法军的步枪手击中身亡,年仅47岁。临终前,他要求剪下一缕头发,并将其和订婚戒指一起送给情人艾玛。"胜利"号上所有火炮随即进行了一次齐射,以缅怀这位英国最伟大的海军将领。

(一) 苦斗拿破仑

1789年7月英国的老对手法国爆发大革命,民众的一阵阵革命浪潮把原有的统治秩序击得粉碎,1793年1月,法国国王路易十六和查理一世一样被押上断头台,身首异处。英国对法国的革命形势深感恐慌,很快就在1793年联合西班牙、荷兰、奥地利、普鲁士等国组成反法同盟以齐力扼杀革命。

但是由于参加反法同盟的国家成分复杂,各自拥有不同的利益和目的,反法同盟的战绩一直不佳。1793年,英军在登陆法国的多伦时,被法军击溃,1794～1795年,法军又相继从英军手中夺取了尼德兰等地区。1800年5月,法国的军事天才拿破仑在意大利打败了奥地利的军队,迫使其议和,最终粉碎了第二次反法同盟。此后,拿破仑反守为攻,企图打败英国的海军,再次成就诺曼征服的壮举,但英国的一位军事天才纳尔逊(Horatio Nelson)让拿破仑的计划化为泡影。

(二)皇家海军的战神

1758年9月29日,纳尔逊出生于英国诺福克郡一个普通的市镇,他的父亲是当地贫苦的牧师。出于家庭生计的考虑,1771年1月,只有12岁的纳尔逊作为一名海军军校生加入英国皇家海军,开始了长达35年的服役生涯。他勤奋好学,办事认真,很快便掌握了很多海上技能,成为一名经验丰富而又能干的年轻军官。1779年,时年21岁的他成为皇家海军最年轻的舰长,晋升为海军上校。

1793年在诺福克的家中休养的纳尔逊被英国海军部征召出任"亚戈门农"号舰长,从此,他开始了一次次和法军恶战的旅程。1797年2月14日的圣文森特角海战让纳尔逊一举成名。当天,英国海军地中海舰队的15艘战舰同法国与西班牙联合舰队的27艘战舰在大西洋圣文森特角遭遇,展开激战。战斗中,作为分队指挥官的纳尔逊违抗舰队司令的命令,脱离队形冲向西班牙舰队,拦住其去路。在炮击法国和西班牙战舰后,他亲自率水手登上敌舰展开肉搏。纳尔逊的行动对英国舰队取得圣文森特角海战的胜利起到了关键作用,他因此晋升为海军少将。

待到拿破仑1798年东征埃及之时,他已成为地中海分舰队的司令。在距埃及亚历山大港口的阿布基尔附近,纳尔逊发现了正

◎被誉为"英国皇家海军之魂"的霍拉肖·纳尔逊海军上将

在浅滩旁抛锚的法军舰队。趁着月黑风高，他命五艘战舰组成敢死队，出其不意地从法舰和陆岸之间的空隙中插入，法军猝不及防，毫无准备。经过一夜混战，腹背受敌的法舰被击沉两艘，九艘被俘，只有两艘逃走。纳尔逊大获全胜，重振英军的海上霸权，令拿破仑征服东方的计划因此成为泡影，他也成为皇家海军的战神。

但纳尔逊也为他的辉煌战绩付出了惨重的代价，1794年，在科西嘉海战中他的右眼被打瞎，三年后，在圣克鲁斯的海战中他的右臂被流弹击伤而截肢。纳尔逊有着非凡的勇气与顽强的意志，在他的右臂被截肢时，没有上麻醉药，军医在他的日记中写道："纳尔逊将军忍受了极大的痛苦而没出一点声音，事后才用鸦片止痛，手术后，纳尔逊还和我开玩笑：'下次先把刀用火烤一下，因为冰凉的刀子让人更疼痛。'"1801年1月，战功赫赫的纳尔逊任波罗的海舰队副司令，晋升为海军中将。4月他在哥本哈根海战中战胜反对英国的丹麦舰队，5月升任舰队司令，受封子爵。

（三）特拉法尔加海战——最后的辉煌

1803年5月，纳尔逊出任地中海舰队司令，以对付在地中海游弋的法西联合舰队。在长期的海战中，纳尔逊创出了一套"硬汉风格"的战术，他擅长将舰队一分为二，一部分插入敌方舰队中间，吸引敌人的主力炮火，另一部分则集中力量歼灭敌人的后卫。在这次海战中，纳尔逊故技重演，再次使用这种战术对付法国与西班牙的联合舰队。

1805年10月19日，法西联合舰队驶离西班牙加的斯港，企图通过直布罗陀海峡前往地中海运送陆军，配合拿破仑在意大利的军事行动。得知消息的纳尔逊马上指挥英国舰队对法西联合舰队进行围追堵截，终于在直布罗陀的特拉法尔加海域把敌方拦住了，双方在10月21日打响了著名的特拉法尔加海战。

◎ 特拉法尔加海战

当时法西联合舰队共有战舰33艘,火炮2600多门,英舰队只有战舰27艘,火炮2100多门。虽然数量上稍少,但英军指挥水平、作战素质和技术都胜敌一筹。

法西联合舰队的统帅维尔纳夫见会战已不可避免,为使舰队在后撤时能撤到加的斯港,便命令全部舰队转向。这一180度的大转向,不仅影响了士气,也使整个舰队队形凌乱不堪,松紧不一,给英军以进攻的机会。

正当联合舰队掉转方向之际,纳尔逊指挥"胜利"号发出"英国要求人人恪尽职守"的信号,英国舰队分两个纵队鼓满风帆冲向法西联合舰队。两纵队一前一后,直插联合舰队中央。一场海战就此开始。

柯林伍德首先率下风纵队切入联合舰队之间,两舷火炮同时发射。战斗至14时20分,柯林伍德已取得完全胜利。

继柯林伍德之后,纳尔逊率领上风纵队也打入敌阵。下午1时许,"胜利"号发现了敌军旗舰"布森陶尔"号,"胜利"号一阵左舷齐射几乎把"布森陶尔"号打沉了。当其他两艘英舰上来围攻"布森陶尔"号后,"胜利"号又向右与冲上来的法舰"敬畏"号交火。"敬畏"号是联合舰队中最小但是作战最勇敢的军舰,两舰进行了古老而残酷的接舷战,在甲板上指挥作战的纳尔逊不幸被"敬畏"号上狙击手射来的子弹击中胸部。纳尔逊立即倒在甲板上,但他忍住疼痛,爬起来说:"我想我的脊椎骨好像是被击穿了,他们终于把我解决了。"后来他一直平静地躺在后舱,接受军医的急救,直到会战接近尾声。得知英军大获全胜时,他才大声说:"感谢上帝,我的使命完成了。"下午4时30分,纳尔逊停止了呼吸。

在这次海战中,法西联合舰队33艘战舰中的8艘被击沉,12艘被俘,人员死伤和被俘达7000余人。英国战舰无一损失,仅伤亡1600余人。

> **纳尔逊与艾玛有着怎样的爱情故事?**
>
> 纳尔逊在战场上声名赫赫,但在情场上却让他倍感困扰。已婚的他狂热地爱上汉密尔顿爵士的夫人艾玛·汉密尔顿。尽管两人都彼此深爱,但迫于道德约束,无法走到一起。死前纳尔逊留下遗言:"我将艾玛·汉密尔顿夫人托付给我的国王和国家,希望她能得到和她的头衔相适应的待遇。"但纳尔逊家族并不承认艾玛,甚至不让她出席情人的葬礼。艾玛晚年在穷困潦倒中死去。

10月27日,柯林伍德派人乘快船回国报捷,11月4日,报信者到达英国沿海的港口法尔第斯,在那里仅停留半小时便飞身上马直奔伦敦,一路19次换马,11月6日凌晨赶到海军部大门口。海军部长立刻接见了他,他对部长说的第一句话是:"报告,我们获得了一次伟大胜利,但是我们不幸失去了我们的统帅——纳尔逊勋爵。"

特拉法尔加海战的胜利最终迫使拿破仑不得不放弃从海上远征英国的计划,此后的100年间,英国凭借其雄厚的国力,先后战胜了荷兰和法国,称雄海上,成为海上的霸主。英国一方面利用欧洲大陆动荡不安、纷争不已的局势,保持大陆各国仲裁人的独特角色;另一方面则几乎独享了大陆以外殖民掠夺的各种果实。也正因为如此,英国人对纳尔逊推崇备至,视其为救国英雄,还称他为"海上拿破仑"。

第三节 开辟帝国的新领地
——库克船长的探险历程

不管你是不是一位热衷于航海的探险者，在中学的历史课本上，你也许早已熟悉了麦哲伦、哥伦布、达·伽马、迪亚士……但你可能不熟悉航海史上另一位伟大的探险者——詹姆斯·库克船长。这位伟大的英国航海家历尽千辛万苦，几次航海，填补了地图上的许多空白，揭开了"南方大陆"——大洋洲的神秘面纱。他的事迹，成为人类航海史的一朵绚丽的奇葩。

（一）神秘的南方大陆

库克于1728年10月27日出生于英国约克郡一个贫苦农民家庭。他18岁上船当水手，之后到皇家海军服役，成为一名水手。由于他处事缜密有条理，且对大海有着深厚的感情，因而在船上比别人表现得更出色，不到30岁就升任船长。在七年战争期间，他曾奉命对北美的圣劳伦斯河、纽芬兰的一部分地区进行沿岸勘测工作。在此期间，他绘制了很多地区的海岸线图，这些精确的地图为英国取得战场胜利帮了大忙，也使他获得了卓越的海图绘制家的声誉。

库克成长的年代，正是西方航海探险高潮迭起的时期。1767年沃利斯探险队宣称，他们在太平洋上的落日余晖中瞥见过南边大陆的群山，这一发现震动了整个欧洲。因为很早以前，所谓南方大陆问题便一直是学者们长期争论的焦点。有一种理论认为：北半球大陆较多，由此从平衡地球重量的角度来看，南半球也应有一块大的陆地。这样地球才能均衡，不至于翻过来。英国政府对沃利斯探险队的这一发现表示出极大的兴趣,为了赶在别国之前抢先发现和占领这块大陆,英国政府决定选派库克出海远航,寻找这个带有神奇色彩的南方大陆。

1767年春天的一个下午,库克船长应英国内阁海军大臣桑德韦奇伯爵之召,来到他的官邸。这位伯爵一见库克,开口便说:"你想必已经听说,皇家学会的学究们对于明年将要发生的金星凌日现象十分感兴趣,希望政府能派船到太平洋上的塔希提岛去测

◎詹姆斯·库克(James Cook, 1728～1779),英国著名探险家、航海家和制图学家。他以进行了三次探险航行而闻名于世。

量这场几百年一遇的奇迹。我知道,人们都称你为皇家最优秀的测量学家,所以就指名派你去指挥这个科学考察队。"说完这番话,他顿了顿,"但是,你应该知道,大英帝国政府最关心的是要开发更多的土地!我们要建立一个太阳永不落的全球帝国,就必须到地球各处去寻找新的土地。我们刚刚为了印度和加拿大跟法国进行了历时七年的战争,但这还不够,我们也不要放过广阔的太平洋,那里还有许多未知的领域,特别是那个神秘的'南方大陆',到底是一个古老的神话,还是确有此地?近百年来,不断有人报告说他们已经发现了南方大陆,但都没有可信的详情。要是你能确实地找到那片未知的大陆,"伯爵瞪着眼睛,盯着库克,一字一顿地说,"并且插上英国国旗,那这就是你对国王陛下和我最好的报答!"

（二）植物湾

1768年8月25日，库克乘坐名为"奋进"号的帆船从英国的普利茅斯港起航了。经过半年的航行，最终在1769年1月26日到达了风光明媚、景色如画，被称为"太平洋王后"的塔希提岛。登陆后，他们马上着手准备金星观测工作，库克把人员分成两组，建起观测所。1769年6月3日，库克和天文学家格林分头对金星凌日现象观察了6个多小时，获得了大量珍贵的天文资料。借着在塔希提岛观察的机会，库克还驾船绕岛航行一周，对该岛及其海域进行了详细的考察。

7月13日观测结束后，遵照海军部命令，库克船长决定向南航行，但一直看不到大陆的影子，而南方来的长长的涌浪表明再向南去也不会有大陆，于是库克决定向西航向新西兰。在沿岸绘测过程中，库克发现自己的航迹呈一个大"8"字，也就表明，新西兰并非一个大陆，而是由两个大岛组成。为了纪念库克，新西兰两岛之间的海峡，被命名为库克海峡。

为了绕地球一周，库克船长决定继续向西航行，取道好望角回国，经过20天的航行，他们在4月19日来到澳大利亚东海岸的一个海湾，并顺利登岸。库克在此作了较长时间的停留，对当地土著人种、生活状况和动植物、土壤、地貌等状况进行了调查。库克把澳大利亚东海岸命名为新南威尔士，并以乔治三世的名义宣布了英国对这一地区的占领。库克还接受了植物学家班克斯的建议，把该海湾命名为"植物湾"。这就是

> **探险的真正目的**
>
> 库克对他所发现的新西兰进行宣传，希望英国尽快实现对此的殖民占领。他在日记中说："如果有一个勤劳的民族在此定居，他们不仅很快就能有生活必需品，而且还能拥有大量的奢侈品。"这实际上是在替殖民活动做宣传，也反映了当时英国隐藏在探险和开发新大陆背后的殖民扩张的真正目的。

现在澳大利亚悉尼市濒临的海湾,现今在悉尼的东南植物湾海口南岸还可以见到一座库克纪念碑。6月11日,在礁石密布的大堡礁,"奋进"号险些触礁沉没,库克把船驶到岸边去抢救,把当地命名为"苦难角"。后来当地建立了城镇,为了纪念这位船长,起名"库克敦"。接着"奋进"号又经印度洋、好望角和大西洋,历经千难万险,终于在1771年7月13日回到英国。

(三)闯入南极圈

由于没有弄清南方大陆的秘密,库克船长很不甘心,他决心再一次出航。为此,他采办了两艘灵巧的帆船,分别起名为"坚定"号和"冒险"号。

1772年7月23日,库克率领"坚定"号和"冒险"号,从普利茅斯港起航进行第二次太平洋探险。他们在10月9日驶抵南非开普敦,经休整和补充给养后,向非洲东南洋面驶去。12月10日,船队已航行在南半球的高纬度洋面,不时能见到一座座冰山,而且,越是向南冰山越密集,还在途中见到了企鹅、海豹、鲸、白海燕等动物。1773年1月17日中午,船队在南纬67度17分、东经39度35分处驶入南极圈,创下了人类进入南极圈的首次纪录。眼前冰川一望无际,冰原上刮起一阵阵冰雪细屑的白烟。库克在航海日记中写道:"即使那里有陆地的话,也是块有百害而无一利的陆地。"由于南极大陆周围被巨大而密集的浮冰群包围,库克船长的木制帆船登上大陆是不可能的,他只能在浮冰群中进进出出地作环绕南极的航行。

在北返途中,库克又发现了多个岛屿,并绘制了大量的海图。那些新发现的岛屿无一例外地成了英国的殖民地,而那些海图对后来的航海事业起到了重要作用。1775年7月20日,库克返回英国的普利茅斯港。

（四）以身殉职

库克探险回国不久，英国正准备第三次太平洋探险，目标已经不再是寻找南方大陆，而是开辟北冰洋新航道。如果能找到大西洋—北冰洋—太平洋这条海上捷径，无论在军事上还是在经济上都有极其重要的价值，库克闻讯后要求再次出任领队而被获准。

1776年7月，库克船长率领"坚定"号和"发现"号起航后，还是一路南下，到达新西兰；之后再北上，考察了汤加、弗林德诸岛，途中发现了"库克群岛"。在塔希提岛休整后库克船队继续北上，这年的12月24日发现一个无人岛，命名为"圣诞岛"。以后，又发现了"夏威夷群岛"。船队一路向北到达阿拉斯加，并绘下重要的海图。然后，经过阿留申群岛并穿越白令海峡进入北冰洋。这时亚洲大陆的秋季来临，北冰洋千里冰封。面对被冰封的威胁，库克只得把打通"北西航线"的壮举留待来年，将船队带回夏威夷过冬。就在这里，1779年2月14日，库克与当地土著居民发生冲突，被土著居民杀死，以身殉职。

2月15日黎明，库克手下的全体船员排在甲板上，向库克船长等人的遗骸默默致哀。一名军官手持《圣经》，朗诵祭词已毕，只听司仪高呼"送尸入海"，"通通"几声，库克船长等人的尸首溅着水花，徐徐沉入海底。船队失去了指挥官，在库克船长两名助手的先后指挥下，又作了一番尝试，最终也未能打通北西航路。1780年10月4日，船队黯然回到英国，结束了这次远航。

库克的死讯传到英国后，举国上下沉浸在一片悲痛之中。英王乔治三世失声痛哭，为失去这样一位曾为大英帝国立下汗马功劳的伟大探险家悲痛不已。库克，这位杰出的探险家以他辉煌的业绩永垂青史。

英国是如何殖民澳洲的？

曾经随库克船长考察过澳大利亚东海岸的植物学家班克斯，竭力主张开辟新南威尔士的植物湾地区，代替北美作为新的罪犯流放地。英国政府在1786年采纳了这一意见，阿瑟·菲利普上校被任命为新南威尔士第一任总督兼驻军司令官。

1788年1月18日至20日，菲利普率领的船队顺利抵达植物湾。这一带土地贫瘠，水源缺乏，因而他决定另觅去处。两天后，他带领一小队人马调头北上，在大约10公里处发现了一个比植物湾更小的海湾，菲利普曾称之为杰克逊港。杰克逊港内有一个小小的港湾，岸上淡水比较充沛，适合人类居住，菲利普决定把流放地点转移到这儿，并以内务大臣的名字命名这块地方为悉尼，小港湾就叫悉尼湾。

1月26日，他们的船队在悉尼湾登陆，并在陆地插上了第一面英国国旗，英国就此开始了对澳大利亚的殖民统治。此后，悉尼成为整个新南威尔士的殖民中心，并发展成为澳大利亚的第一大城市。

第四节　黑奴的泪与血——罪恶的黑奴贸易

黑人是非洲大陆的主要人种,但在美国和西印度群岛地区,也存在着大量的黑人,他们是怎么来到美洲的?这一切要归因于罪恶的黑奴贸易。15世纪中叶到19世纪,以英国为首的殖民国家都在非洲大陆从事着这项被马克思称为"贩卖人类血肉"的肮脏勾当。

(一) 黑奴贸易的兴起

1492年哥伦布发现美洲新大陆后,西班牙人和葡萄牙人疯狂涌向这片神秘的土地。到16世纪,西班牙在西印度群岛和美洲大陆建立了庞大的殖民帝国。西班牙在征服新大陆期间,大肆屠杀当地土著印第安人。印第安人在殖民者的屠刀与外来传染病的打击下,大量死亡,美洲殖民地的劳动力严重不足,殖民者迫切需要廉价的劳动力来开发和掠夺殖民地,于是他们把目光投向非洲大陆。1501年,第一船非洲奴隶从西非海岸横渡大西洋,被运到了新大陆。此后,贩卖黑奴的规模越来越大。

英国作为后起的殖民强国也不甘落后,加入这项罪恶活动之中。1562年,被称为"女王的海狗"的著名海盗约翰·霍金斯率队乘坐"耶稣"号到西非的塞拉利昂捕捉了300名黑人,然后偷运到西印度群岛高价卖出。

以后,在国王的特许下,英国成立了一些专门从事黑奴贸易的垄断公司,如1588年成立的"几内亚公司",1618年成立的"伦敦开发非洲贸易公司"等。但是，在1650年以前，总的说来黑奴需求量不多，黑奴贸易规模不大。

1605年，英国在加勒比海建立了第一个殖民地巴巴多斯，随着当地蔗糖业的开发，迫切需要大量的劳动力，黑奴贸易在此刺激下迅速发展起来，英国也就加快了贩运黑奴的脚步。1695年国会通过决议，"凡英国人都可从事黑奴买卖"，1698年国会正式批准奴隶贸易的立法，给这项罪恶买卖披上了合法外衣。与此同时，英国选择便于掠夺非洲黑人的地点，配备枪炮器械，建立武装商站。

根据1713年西班牙王位继承战之后签订的《乌特勒支条约》，英国获得在西属拉丁美洲与非洲之间贩卖奴隶的特许权，这样，英国凭借其独霸一方的海上实力成为奴隶贸易的龙头老大。在18世纪中期，人口仅700余万的英国竟然把700万黑人从非洲大陆贩卖到美洲，在国际贸易史上写下了最丑恶的一页。

(二) 三角贸易

在奴隶贩子看来，猎取黑人犹如捕捉动物。他们携来枪支等轻型武器，乘独木船来到非洲沿海地带，选择适当地点登陆，埋伏在黑人部落附近的树丛里伺机捕捉黑人。但是，奴隶贩子要亲手活捉大量强壮的黑人并不容易，一旦遭到猛烈反抗，自己也有生命危险。英国奴隶贩子常用的手法是利用当地黑人部落之间的矛盾，收买当地黑人部落首领，用甜酒、纺织品等廉价商品换取黑人。当地的黑人部落首领为了自己部落的安全与利益，主动或被动地充当了黑奴贸易的帮凶。

非洲、欧洲和美洲之间的奴隶贸易是通过三角贸易方式进行的。三角贸易分三个阶段：欧洲人首先自本国的港口出发，到达非洲西部海岸，以廉价的制成品如酒、军火、棉丝织品及各种装饰品换取或掠夺奴隶，称为

"初程"。然后把奴隶从非洲运到美洲，以交换矿产和农产品，称为"中程"。运奴船一般是一种小船，一次能装350～400名黑奴。船上每个黑奴所占空间只有一个棺材大小，"他们一个挤着一个，就像书架上排列的书一样"，条件恶劣、疾病流行和缺乏饮用水等致使黑奴死亡率很高，一般至少有四分之一的黑奴在到达目的地前死亡。奴隶贩子把黑奴运到美洲牙买加的奴隶市场或北美地区高价出售，最后，又在当地购买糖浆、烟草和棉花运回英国，称为"归程"。

一次三角贸易航程通常需6个月左右。三角贸易的三个航程都可以使奴隶贩子获得极大的利润。

在三角贸易的刺激下，利物浦的造船业、精制糖厂迅速发展起来。到18世纪末，曼彻斯特的大部分布匹是用非洲奴隶种出的棉花生产的，格拉斯哥的纺织厂和织布厂使用的棉花也来自西印度。三角贸易也扩大了工业生产，刺激了就业，1788年曼彻斯特为了生产用于换购奴隶的商品，

◎黑奴运抵美洲

就需要18万男工、女工和童工。1701～1704年，皇家非洲公司向非洲沿岸运去3万多支火枪和短枪，这些武器几乎都是伯明翰的产品。

英国在奴隶贸易中不仅获取了巨额的利润，为其工业化提供了相当的资本积累，而且奴隶市场对廉价工业品的巨大需求促进了18世纪后半期工业上的一系列发明，促进了英国产业革命得以实现。确如马克思所说："没有奴隶制，就没有棉花；没有棉花，就没有现代工业，奴隶制使殖民地具有了价值，殖民地造成了世界贸易，而世界贸易则是大机器工业的必不可少的条件。"

（三）奴隶贸易的衰亡与废奴运动

进入19世纪，随着自由贸易代替重商主义成为海外贸易的主流，奴隶贸易不可避免地衰落了。在这一阶段，资本家开始热衷于把非洲变为他们的投资场所、原料产地，而不再把黑人当作"活商品"输往其他大陆。

1776年，英属北美十三州宣布独立，英国再无法向北美直接运送奴隶，因为西印度群岛与十三州殖民地在经济上联系密切、互相依存，英国要把美国与西印度群岛经济隔绝开来是不可能的，而继续向西印度群岛输送奴隶，支持那里的种植园经济，就等于间接支持它的对手——新生的美国，这是英国不愿意看到的。而在英国本土，早在1772年就已废除了奴隶制，更谈不上需要奴隶劳动。加之1789年法国大革命以及1791年海地奴隶起义，震撼了全世界，各地奴隶起义不断发生。这样，奴隶贸易渐渐失去了市场。

到18世纪下半叶，欧洲兴起了规模巨大的废奴运动，欧洲启蒙运动思想家伏尔泰、孟德斯鸠等人开始谴责奴隶贸易侵犯了人权，欧洲的很多新教团体纷纷批判它反宗教的野蛮性质。在美国独立战争和法国大革命的影响下，反对奴隶贸易同废除奴隶制的呼吁联系在一起，形成了一场波澜

英国人是如何贩卖奴隶的？

约翰·牛顿20多岁就当了贩奴船船长，不过他也是一个虔诚的牧师和世界闻名的作曲家，后来参加了禁奴运动。他在日记中记载了和非洲奴隶贩子讨价还价的细节。一次他用木材和象牙换了8个奴隶后觉得吃亏了，因为其中一个"嘴巴不好看"。他在日记中抱怨："身体好的男奴买主太多，价格是以前的两倍。"至于女奴，牛顿不要"乳房松懈"的。当一个女奴死亡时，牛顿这样记录："一个身体好的女奴死了，11号。"这些奴隶不但没有名字，而且连人称代词都不配用，牛顿用的代词是"它"（it）。

壮阔的废奴运动。

1806年6月，英国议会终于通过了由力主废奴的威廉·威尔伯福斯（William Wilberforce）议员提交的议案，正式废除非洲黑人奴隶贸易。这项法令宣布："英国国王陛下决定，从1805年5月1日起，绝对禁止非洲奴隶贸易，绝对禁止以任何其他方式买卖、交换与运输奴隶和那些准备在非洲海岸或非洲任何地区出售、运输或作为奴隶使用的人，绝对禁止把上述人输进和输出非洲，上述活动均宣布为非法。"到1833年，英国又在其所属领地正式废除了蓄奴制度。

此后，奴隶贸易由公开转入地下，到19世纪60年代，南北战争废除了美国的奴隶制。到了80年代，拉丁美洲的古巴和巴西也相继废除了奴隶制。这三大蓄奴区奴隶制的废除使奴隶贸易失去了最重要的生存基础。此外，欧洲在这段时期迁往美洲各国的移民大量增加，廉价的华工、印度人也被输往新大陆，这在一定程度填补了由于禁止奴隶贸易而导致的劳动力的短缺。在这种形势下，奴隶贸易彻底走向了衰亡。

西印度群岛名称的由来

西印度群岛是指大西洋及其边缘海墨西哥湾、加勒比海之间的岛群,著名岛屿有古巴岛、海地岛、牙买加岛和波多黎各岛等,其得名与意大利著名航海家哥伦布有关。

15世纪时,欧洲人对东方特别是印度非常神往,认为只要一到富庶的印度就可大发横财。但当时经中东通往印度的陆路交通,由于沿途封建割据和盗贼横行而显得障碍重重,于是欧洲人掀起了探寻通往印度新航路的热潮。

哥伦布也加入这一行列。他从欧洲出发向西航行,并于1492年到达西印度群岛。但他误将巴哈马群岛当成通往印度的岛屿,误将海地当作日本,又将古巴当成中国,将牙买加、中美、南美沿岸当成印度,他回到欧洲便宣称已找到了通往印度的新航路。然而后来人们发现哥伦布到的地方并非印度,为了与印度相区别,就将位于西半球的这些岛屿称为西印度群岛。

第五节　金矿争夺战——英布战争

在非洲大陆的最南端，坐落着一个叫约翰内斯堡的城市，它是南非的第一大城市，也是世界上最大的产金中心，被称作"黄金之都"。1899～1902年，为了争夺这块"黄金宝地"，爆发了一场大规模的战争，参战的一方是英国人，另一方是荷兰人在南非的后裔——布尔人。

（一）布尔人

南非地处大西洋和印度洋的交汇处，是东西方海路交通的要冲，战略位置十分重要。1652年，荷兰军舰到达南非，占领开普敦，并在开普敦建立了行政机构、军队和议会，任命了总督。荷兰的东印度公司在到达南非后，有计划地把职员与船民安置在这里，到1656年这些移民开始自称为布尔公民。布尔（Boer）一词在荷兰语中是"农民"的意思，代表他们在南非主要经营农业，他们在南非到处建立使用奴隶劳动的农场，农场的规模很大，有时达7000亩之多。

布尔人在南非统治一个半世纪之后，英国殖民者闯进了这个地区。待英国在南非之角站住脚跟时，布尔人也和他的母国荷兰隔断了政治与经济上的联系，英国和布尔人之间长达百年之久的争夺南非的斗争便开始了。

英国占领开普敦后，采取了一系列剥夺布尔人权利的统治政策。布尔人为了逃避英国人的压迫，从1836年开始向北方的南非内陆地区迁徙，1万多布尔人赶着牲口、车辆，希望在远离英国人的大陆内陆重建新的家园。布尔人夺取当地土著人的土地，把他们当作奴隶，先后在内陆地区建立了德兰士瓦共和国（Transvaal，1852）和奥兰治自由邦（Orange Free State，1854）两个布尔人政府。

（二）钻石与黄金惹的祸

1867年，一个布尔农场主的孩子在奥兰河畔玩耍时偶然捡到一块晶莹的"石子"。当另一个布尔农场主尼凯克来访时发现了这块"石子"，便问是否可以卖给他。孩子的母亲觉得好笑，说这是个玩的东西，拿走吧，不用花钱。尼凯克便把这块"石子"带回欧洲，经过鉴定，证实"这块石子是真钻石"，这就是在南非发现的第一颗金刚石。消息传出，立刻轰动了世界，人们纷纷来南非"探宝"。

1884年、1886年，在德兰士瓦境内又发现了世界上蕴藏量最丰富的金矿，欧洲随即又产生了"黄金潮"。淘金者从世界各地涌入矿区，金砂开采遍地开花。在这些来自各国淘金者中以英国人居多，英国人不仅在数量上占优势，而且掌握了大部分采矿权。德兰士瓦的布尔政府担心有朝一日国家大权旁落到不断前来的英国人手中，因而对他们的选举权予以严格限制。英国矿主在使用非洲劳动力上也受到许多限制，运输及购买食品、炸药、燃料等都须付出高价。这些限制使英国人对德兰士瓦政府极端不满。而此时的英国，由于工业装备的陈旧和资本输出过多，经济发展缓慢，日益丧失它在世界上的工商业霸权，英国统治集团企图通过扩大殖民地霸权来弥补其工商业霸权丧失的损失。

为钻疯狂

水手们抛弃了船只，士兵们离开了军队，商人们关上了店铺，职员们走出了办公室，农场主抛弃了土地和牲口，他们全都如饥似渴地奔向奥兰治河和瓦尔河两岸，去开采金刚石。

1877年4月12日，英国借口德兰士瓦无法处理财政等方面的困难，无法应对土著祖鲁人的入侵，出兵吞并了德兰士瓦共和国。过了3年，不甘屈服的布尔人利用英国人忙于对付埃及民族起义的机会，发动了第一次英布战争。1881年2月27日，布尔人与英军展开决战，歼灭英军300多人，取得了战争的主动权，英国被迫与布尔人谈判，并于1881年8月签订协定，承认德兰士瓦恢复独立。

英国人不甘心放弃德兰士瓦，1895年年末，英国的开普敦殖民政府总理罗得斯派遣南非公司经理詹森，率领一支500多人的队伍偷袭德兰士瓦，同时策划约翰内斯堡的侨民暴动为内应，以图里应外合颠覆布尔人的统治。但是，布尔政府事前获取了情报，预先做好准备。当詹森的队伍越境后，立即被2000名布尔军队所包围，詹森被迫缴械投降。英国人的特洛伊木马计完全失败，英布双方的矛盾恶化到极点。

（三）文明国度的野蛮战争

自知实力不及英国的布尔人在1899年与英国人谈判，寻求妥协，但英国人坚决要求布尔人臣服于自己，谈判很快破裂。1899年10月9日，布尔人向英国发出最后通牒，限英军在48小时内撤出它增援南非的军队。遭到英国拒绝后，布尔军队于是先发制人，侵入英属纳塔尔殖民地，英布战争正式爆发。

英布战争爆发时，南非境内的英军有2万余人，另外还有近5万人正在驰援途中。英军纪律严明，组织良好，但对南非的情况缺乏了解。最为可怕的是，英军无论是军官还是士兵都轻视布尔人，把他们当成一群根本不会作战的农夫。他们梦想着一举击溃布尔军队，占领其首都，并在那里享受战争胜利。

与英军作战的布尔军队大约有4万人，大部分是骑兵。在长期与非洲土著居民作战的过程中，布尔人建立了一套全民皆兵的民军征召制度，保证了充足的兵员。事实上，布尔人并没有一支正规的军队，只是将松散的民兵团改编成了义勇军。即使在他们最强大的时期，也极为涣散，毫无组织纪律可言，他们的指挥官几乎对战略战术一无所知。但这些草原猎手们天生就是优秀的战士，他们在开垦这片土地的严酷斗争中，练就了坚忍的意志和过硬的本领。他们熟悉南非的辽阔草原，善于利用掩蔽物和地形进行作战，并且个个都是出色的神枪手。

战争初期对英国人非常不利，布尔人士气高涨，而且做了充分的准备，在几次战役中重创轻敌的英军。英军被包围在开普敦附近三个据点中，12月9～15日一周之内，布尔人歼灭了2500名英军，这个星期被称为"不祥的一周"。消息传回英国，英国朝野震惊，为扭转战局，12月18日，英国任命富有殖民战争经验的罗伯兹为南非英军总司令。同时从印度、加拿大、澳大利亚、新西兰等地调来大批援军，这样到1900年3月，英军已经增加到20万人，在数量上取得了压倒布尔人的绝对优势。1900年2月，英国军队反守为攻，9月，英国宣布吞并德兰士瓦和奥兰治，战争对于英国人而言好像就此结束。

不想布尔军在退出城市后，从此转入游击战。他们熟悉当地地形，出没无常，分成小部队作战，到处袭击英军，破坏交通线，抢夺辎重，使英军遭受重大损失，英军面对神出鬼没的布尔游击队一筹莫展。为了彻底打败布尔人，英国决心不惜一切代价，甚至不顾国际社会和国内舆论的谴责，采用了残酷的虐杀手段。英国一方面修建了很多碉堡，组成了长达8000多公里的军事防线，并继续从海外大量增兵，展开了所谓的"分区扫荡"，推行"焦土政策"。另一方面还首创了罪恶的"集中营"制度，到处搜捕布尔人，并实施集中关押和迫害。被关进集中营的布尔人达120万，有2万多人丧生其中，在英军的蹂躏下，布尔人的家园被毁，农场变成一片荒漠。

在这种情况下,布尔人的游击战争愈来愈艰难,到1902年年初,更是弹尽援绝,再也无法继续战斗下去。而英国在战争中也意识到不可能把布尔人赶尽杀绝,不断上升的英军伤亡数字,不堪重负的军费支出,已经不断出现在媒体之上,英国政府在国内外都面临空前的压力。

1902年5月31日深夜,英、布双方领导人签订了《弗雷尼京条约》,要求布尔军队放下武器,停止反抗,承认英国对他们的国家拥有主权。英国则承认布尔人有自由权和财产权,允许成立自治政府,不在南非征收特别税。同时,英国政府赔偿布尔人300万英镑,作为毁坏其农庄的赔偿。

英布战争是400年间英国发动的230次殖民战争中,派遣兵员最多、延续时间最长、斗争最为残酷的一次战争。英国在战争中暴露了其诸多内政、军事与外交上的弱点,英国统治阶级为此对社会福利、军事组织与外交方面做出了一系列改革。这样,通过英布战争的磨炼,英国在之后第一次世界大战爆发时,各方面已经有了充分的准备。

第六节　大饥荒的后果——爱尔兰的分离独立

熟悉英国文学史的人都知道，在19世纪末20世纪初，英国文坛出现了三位知名的作家——王尔德、萧伯纳与乔伊斯，他们的作品在英国文坛产生了很大的影响，但很多人恐怕不知道，他们的故土其实是英格兰西边的一个叫爱尔兰的海岛。

（一）早期的爱尔兰

爱尔兰人是凯尔特人的后裔，他们世代住在与不列颠岛一海相望的爱尔兰岛上，6世纪时接受了罗马天主教。8世纪时，爱尔兰岛出现过统一的文明和法律，但没有实现行政上的统一。

在英格兰诺曼王朝亨利二世统治期间，绰号"强弓"的理查德伯爵于1169年率军从威尔士出征爱尔兰，这支军队由边境地区勇猛善战的重甲骑兵和优秀射手组成，对付手持战斧的凯尔特部落士兵绰绰有余。凯尔特人在正面交锋中接连失利，退避到沼泽、森林和荒山地区，他们砍倒林木，筑起一道道工事，封堵狭窄的通道，阻止英格兰军队进入纵深地带。诺曼入侵者以它占据的市镇城堡为据点，开始了对爱尔兰的殖民统治，都柏林从此成为英国人在爱尔兰的统治中心。这样，爱尔兰就成为英国的第一块殖民地，在政治、经济、文化、宗教各方面深受压迫。

都铎王朝统治时期，英格兰与爱尔兰的对立冲突加剧，通过亨利八世主导的宗教改革，英格兰脱离罗马天主教，成立国教派，改奉新教，而

> **"米字旗"的来历**
>
> 英格兰的国旗本来是白底正红十字旗，1707年，英格兰和苏格兰合并后，詹姆士一世在此基础上加上代表苏格兰的圣安德烈旗，为蓝底白斜十字。到1800年，爱尔兰和苏格兰合并后，又加上代表爱尔兰的圣帕特克旗白底斜红十字，英国国旗就成为现在这个样子，即通常说的"米字旗"。

爱尔兰人却坚守天主教信仰。双方日益严重的宗教矛盾，使形同水火的殖民关系更不相容。亨利八世在1541年率兵进入爱尔兰，悍然取缔凯尔特基督教的教会，连主持凯尔特民众宗教仪式的巡回修道士也一并禁绝，强行扼杀爱尔兰岛上少得可怜的土著文化。

在伊丽莎白女王统治时期，英格兰通过军事征服把全爱尔兰置于其统治之下，在爱尔兰全面推行英国的法律制度。从1603年起，英格兰强迫爱尔兰民众改奉英格兰的国教，遭到爱尔兰人的强烈抵制，同时英格兰的统治者在爱尔兰横征暴敛，强行没收爱尔兰人的土地，断绝农民的生计，爱尔兰人在忍无可忍的情况下，纷纷铤而走险，揭竿而起。1641年，爱尔兰爆发了大规模的起义，全岛纷纷响应，在1643年9月宣布爱尔兰脱离英格兰独立。1649年8月，克伦威尔率军侵入爱尔兰，在历时三年的烧杀掳掠中，爱尔兰尸横遍野，生灵涂炭，有一半人死于英军屠刀下或逃亡海外，三分之二的土地被侵占。

1688年"光荣革命"后，爱尔兰因支持信仰天主教的詹姆士二世，惨遭信奉新教的继承者威廉三世的血腥镇压。威廉颁布反天主教的惩治法令，驱逐或惩处天主教神职人员。

◎英国国旗

1776年美国独立战争后,为防止爱尔兰受激励起而效法,英国议会决定彻底消除其反抗力,乃于1800年通过《联合法案》(Act of Union),将爱尔兰强行并入不列颠,取消了爱尔兰作为殖民地所享有的自治议会,改在英国议会设置爱尔兰议席。"爱尔兰问题"成了英国内政事务后,英政府的政策并无改进,爱尔兰人的民族意识日渐觉醒,对自由的诉求因此愈加深切。

(二)惨烈的饥荒

1845年,一种当时不为人知的病害使得爱尔兰岛的马铃薯受灾,这场灾害悄然而至,且来势凶猛,仿佛一夜之间,郁郁葱葱的田野就变成"草木皆烂,荒芜一片"。该年全国有三分之一的种植面积绝收,遭病菌感染的马铃薯无法食用,可食用的马铃薯价格暴涨。到1846年9月,估计有四分之三的马铃薯收成被摧毁,对于以马铃薯为主食的爱尔兰人民而言,灾难已经降临了。1848～1849年,马铃薯的病害再度流行,加上流行病的蔓延,爱尔兰大量人口死亡,这场惨烈的饥荒一直到1850年才开始好转。

这场饥荒带来了可怕的后果。根据当时的人口普查,爱尔兰的人口在1851年已经减少到650万,如果考虑到人口自然增长,总的人口"赤字"达到240多万。最近的研究表明,在饥荒中死亡的爱尔兰人约有110万人,毫无疑问,人口的锐减给爱尔兰社会带来了沉痛的创伤。

面对如此严重的饥荒,当时只关心

> **饥荒与土豆**
>
> 英国人彼得·格雷在他的著作《爱尔兰大饥荒》中写道:"在大饥馑发生之前,家庭主妇只知道怎样烧土豆,而把烤箱弃之不用。现在,学习烹调除了土豆以外的食物,成了她们最大的麻烦。"欧洲人对土豆的依赖由此可见一斑。

谷物牲畜出口的英国政府并不关注爱尔兰人民的死活。在饥荒的高峰时期,当岛上到处都是吃不饱肚子的穷人时,"爱尔兰的码头上还堆满了一袋袋的玉米,准备出口到英格兰去",而且少得可怜的赈灾物资和救援工作也因为管理不当和中饱私囊而没有起到多少积极作用。

恶质的生活状况迫使许多走投无路的爱尔兰人漂洋过海,移民美国。但他们关怀乡土的心情始终如一,他们提供大量的海外资源,支持爱尔兰独立,爱尔兰独立运动遂成为跨大西洋的民族主义运动。

(三) 为独立而战

1905年,激进的革命团体新芬党(Sinn Fein)成立,为建立爱尔兰独立共和国积极斗争。19世纪末,在工人运动发展的基础上建立爱尔兰工会。1913年秋,都柏林电车工人罢工,被军警打死打伤者数百人,引起爱尔兰工人运动的高涨,推动了民族解放运动。1914年,爱尔兰又成立民间组织爱尔兰义勇军,打击英国的统治。

1916年4月24日,爱尔兰革命组织——共和兄弟会在都柏林发动起义,成立临时共和政府,与英军血战了一个星期,遭到英国政府无情的镇压,最后该组织几乎所有的领袖均以叛国罪被处决,起义者大多被关进集中营或驱逐出境。起义的失败反而激起了爱尔兰民众反抗的斗志,新芬党在1918年举行第一次大选中大获全胜,成为爱尔兰的执政党。新芬党获胜后挟民意宣布成立共和政府,并组建爱尔兰共和军(IRA,Irish Revolutionary Army)抵抗英军。英国军警逮捕了几乎全部爱尔兰共和国议员,宣布戒严,实行恐怖统治。爱尔兰共和军化整为零组成千百支20~50人的"飞行队",在民众支持下,袭击英军巡逻队和夺取军火库。

英国在爱尔兰的统治没有安宁之日,又受到世界舆论的一致指责,被迫于1921年12月6日同爱尔兰正式签约,承认爱尔兰岛南部26个郡为"自由邦",享有自治权,北部以新教徒为主的六郡仍归属英国。1937年,爱尔兰自由邦宣布为独立的共和国;1948年12月,爱尔兰宣布脱离英联邦;次年4月,英国承认爱尔兰完全独立。

北爱尔兰问题

爱尔兰共和军对分割爱尔兰不满,决定用武力迫使北方诸郡加入自由邦。20世纪20年代开始就借助北爱尔兰地区天主教徒对新教徒的不满,不断发动针对英国的恐怖活动。到20世纪60年代,共和军得到国内外越来越多的支持,加强了暴力活动,有时与北爱群众性政治运动交织在一起,对英国在北爱尔兰的统治构成极大的威胁。至1982年,英国因无法有效控制局势,遂宣布中止北爱尔兰的自治,改由中央派官员统治。

1993年,英国与爱尔兰共和国共同发出和平呼吁。在经过数年的波折之后,英国、爱尔兰两国政府及北爱冲突有关各方于1998年4月签署了和平协议。协议规定,北爱尔兰留在英国之内,除非在未来南北爱尔兰的大多数人民投票同意才能谋求统一。但是北爱尔兰可以建立自治政府,除了国防、外交和税收等中央权力之外,自治政府拥有立法和行政权。在2001年"九一一事件"之后,恐怖主义成为全球的共同敌人,爱尔兰共和军的暴力活动越来越不为国际社会所接受和容忍。在全球反恐的大趋势下,爱尔兰共和军开始转变。2005年,爱尔兰共和军发表结束武装斗争的声明,北爱和平进程最终得到实现。2007年5月8日,北爱尔兰新的自治政府成立,正式恢复自治,困扰英国多年的北爱尔兰问题暂时告一段落。

第七节　盛世时代的女王——维多利亚

（一）童年生活

维多利亚女王1819年5月24日出生于伦敦白金汉宫西面的肯辛顿宫，父亲是乔治三世的第四子肯特公爵爱德华，母亲维多利亚是德国一个侯国的公主。为了让孩子在伦敦出生，爱德华夫妇专程从巴伐利亚长途跋涉回国，爱德华为这个健康的长女的降生欣喜。爱德华夫妇给孩子取名为亚历山德拉·维多利亚（Alexandrina Victoria），一是表示对孩子的俄国教父亚历山大一世的尊敬，二是为了纪念她的母亲。维多利亚出生后不久，肯特公爵因一时疏忽患了感冒，随之引起肺炎并发症，很快便一病不起，撒手人寰，留给妻儿的是沉重的债务。

从此，家里开始节俭度日，维多利亚总是穿同一套衣服，从小她就被灌输这样一种观念：女人频繁变换服饰不仅挥霍浪费，而且是一种不良的品行。成为女王后，她在服饰上一直非常俭朴，王冠上价值连城的珠宝仅仅是为了显示对王权的尊重。

◎维多利亚女王

维多利亚是由母亲一手抚养长大的,她几乎完全在德国文化的熏陶下度过了童年和少年时代。自从父亲病故后,母亲便带着她投靠了舅舅利奥波德公爵(后来成为比利时国王),母亲为维多利亚请来家庭教师,教授她英语、法语和德语,还有英国历史与自然科学。到维多利亚12岁时,因肯特公爵的两个哥哥,国王乔治四世和威廉四世的子嗣要么已经病故,要么是私生子,英国王位的继承权就落到这个小女孩的身上。维多利亚就此失去了应有的童年快乐,只能遵照母亲的安排,学习冗长烦琐的宫廷礼仪和许许多多的行为禁忌。

(二)女王的婚姻与政治生活

1837年6月20日,维多利亚的伯父英国国王威廉四世辞世,维多利亚就此成为大英帝国新的国王。6月28日,18岁的维多利亚坐着金光闪闪的马车,前往威斯敏斯特大教堂参加加冕典礼,紧张不安的维多利亚悄声问她的侍从:"求求你,告诉我,应该做什么。"

当时执政的内阁首相是辉格党人墨尔本,女王很乐于同辉格党人共事。她在即位当天早上9点钟单独接见首相时,就向他表示:"我早就有意留你和其余的阁员继续主持政务。"墨尔本是一个深谙世故、精明圆滑的政客,女王是一个尚不足20岁的女孩子,没有政治经验,所以事事都把墨尔本当靠山。

但好景不长,在野的托利党势力日增,女王在1839年迫于形势,不得不授命罗伯特·皮尔组阁。皮尔接受组阁任务后,向女王提出更换部分宫廷女侍的要求,理由是这些女侍原来都是墨尔本安排的清一色辉格党人或他们的亲属。女王对此坚决反对,年轻的女王是这样答复的:"我不会换掉其中的任何一个,我对她们的政治观点不感兴趣,因为我不需要和她们讨论政治问题。"她感觉受了屈辱,盛怒之下,收回要皮尔组阁的成命,命墨尔本继续主持内阁。

女王的努力成功了,一时间似乎心满意足,可实际上她斗争的成果也没维持多久。内外交困的墨尔本内阁只勉强维持了两年。1841年议会举行新的大选,辉格党遭到惨败,托利党在议会取得优势地位。女王不得不重新任命皮尔组阁,在女侍问题上也不再固执己见,同意在组织新内阁的同时辞退一部分原来的女侍,由新首相另行选派人员顶替。这就是曾轰动一时的"寝宫危机"。"寝宫危机"的解决,很大程度上是女王的丈夫阿尔伯特居间调停的结果。

女王即位后,她的婚姻大事也就提上了日程,女王的臣民们再也不想出现伊丽莎白那样的独身女王了。经过反复权衡,慎重考虑,1840年1月,维多利亚在议会上宣布她很快就要结婚,未来的丈夫是阿尔伯

◎女王出嫁时

特·萨克森·哥达亲王。他是维多利亚舅舅的儿子,只比她小3个月,维多利亚对他的印象极好,正如她在日记里写道的,他"非常漂亮、聪明,智慧无双"。阿尔伯特是一个极具魅力、举止优雅的男人。他学识渊博,被称为"走动的百科全书"。他兴趣广泛,酷爱古典音乐、绘画、建筑,还是一个出色的击剑手。他们被公认为一对模范夫妻。

但阿尔伯特在与女王结婚后,生活并非一帆风顺。他们订婚以后,有人提议封阿尔伯特亲王一个爵位,维多利亚则告诉他说:"英国人向来介意外国人干涉本国政治,早已有报纸表示希望你不要干涉……"

但阿尔伯特的不利地位渐渐起了变化,他以他的才智和坚韧不拔的精神,赢得了人们的肯定与赞许,渐渐树立了威信。他提醒女王要做人民的公仆,夫妻俩住进了人们容易接近的白金汉宫。阿尔伯特提出在英国举办国际博览会,他认为那将有利于世界的和平、进步和繁荣。尽管这一计划遭到各方的阻挠,但他百折不回,终于如愿以偿。1851年,在人们的欢呼声中,女王主持了国际博览会的开幕典礼。国际博览会盛况空前,在伦敦海德公园专门为博览会修建的豪华玻璃大厦里,有来自国内外600万以上的观众前来参观,收入总额达16.5万英镑。阿尔伯特以他的实际行动赢得了英国民众对他的尊敬和爱戴,1857年英国议会决定授予他"配王"的称号。

婚后,女王的家庭也是人丁兴旺,1840年,女王的第一个孩子诞生了,是个小公主。"亲爱的,你满意吗?"维多利亚醒来后,问丈夫。"当然,亲爱的,但是英国民众是否会有一点点失望呢?""我保证,下次一定是个王子。"一年后,女王果然生了个儿子,他就是后来的爱德华七世。维多利亚一生育有9个孩子,但由于是近亲通婚,4个王子中3个是血友病患者,所幸5个公主个个健康美丽。

1861年年底,阿尔伯特亲王在去剑桥大学看望儿子爱德华王子的途中感染风寒，回到王宫里一病不起，尽管宫廷的医生全力救治，但在12月14日他还是在维多利亚怀里咽下了最后一口气。丧夫的痛楚几乎让维多利亚一蹶不振，女王离开伦敦，将自己禁锢在房间里，外面的世界对她来说已经没有任何意义。"世界已经死去了。"她在给亲戚的一封信中这样写道。女王很长时间没能恢复过来，黑色成为她余生40多年衣服的主色调。她脸上的表情经常是悲伤、冷漠的，有时呈现出焦躁不安，那背后隐藏着的是她对丈夫的永恒怀念。经过几年的挣扎与恢复，随着时间的流逝，女王终于振作起来——回到她所应承担的义务和责任上来。

维多利亚是一个悲伤的寡妇，但同时也是雄心勃勃、精明强干的君王，这双重身份彼此毫不影响。由于她的调停，俾斯麦在法国和普鲁士战争中放弃了轰炸巴黎的计划。维多利亚女王是对爱尔兰实行铁腕统治的坚定支持者，她一生共遭遇过6次谋杀，全都是爱尔兰人策划的。他们见刺杀女王无望，就炸毁了阿尔伯特亲王的雕像，女王悲痛万分，就好像炸掉的是活生生的阿尔伯特亲王本人。

◎维多利亚女王一家

(三) 日不落帝国的统治者

维多利亚时期是大英帝国对外领土扩张最辉煌的时期，英帝国的势力遍及每一个太阳升起的角落。在亚洲，通过鸦片战争，大英帝国用坚船利炮敲开了清政府紧闭的国门，实现了历来的西方殖民者渴望与中国通商、掠夺中国财富的梦想。1858年，英国正式从东印度公司手中接管了印度，1876年英国议会通过了封维多利亚为印度女皇的议案。在东南亚与西亚，英国占取新加坡（1824）后，随即控制整个马来亚，建立海峡殖民地；接着又占领红海出口亚丁（1839），北婆罗洲和沙捞越（1842），随后又控制了缅甸和阿富汗的大部分地区。英国在亚洲建立了别的列强无法企及的殖民帝国。

在非洲，英国占领尼日利亚（1851）后，对地处欧、亚、非交通要冲的埃及垂涎欲滴。英国在1875年乘埃及财政危机之时，花费400万英镑买下埃及苏丹伊斯迈尔掌握的占运河全部股票的44%的股票，夺取了对苏伊士运河的控制权，并在1882年占领了埃及全境，把埃及变为其保护国。英国商船、军舰经由苏伊士运河直入太平洋，大大缩短了东西航程。后来，英国又占领索马里（1887）、冈比亚（1889）、赞比亚（1889）、桑给巴尔（1890）、肯尼亚（1895）、津巴布韦（1895）、塞拉利昂（1896）、黄金海岸（1897）、乌干达（1898）、苏丹（1898）等地，又通过英布战争占领了富饶的南非。到"一战"前夕，英国拥有的殖民地的面积竟

保守的维多利亚时代

对维多利亚时代的妇女而言，一大妇德就是要对丈夫谦恭顺从。女人最大的美德是性的纯洁，因此通奸被视为最大的罪恶。女人穿衣服要遮盖手和脸之外的其他部分，要是露出脚或肩，会被认为不正经。维多利亚女王本人就是道德样板，她反对女人丧夫后再嫁，在阿尔伯特亲王去世后，女王终身没有再婚。

达3350万平方公里，是本土面积的130多倍，英国人梦想的"日不落帝国"在此时真正成为现实。环视寰宇，天下霸主，非英莫属。

尽管维多利亚女王手中的实权已经所剩无几，所有的政策皆由大臣们制定和执行，但其中名垂史册的并非它的制定者，而是女王陛下本人。她九五之尊的光环依然具有强大的号召力，以至于1901年1月22日维多利亚悄然离开人世时，朝野一片恐慌。过去的他们已经习惯了女王的统治，女王死后，他们该何去何从，他们到底该干些什么，这些都令他们迷惘。英国的辉煌强盛局面也随着女王的病逝一去不复返，大英帝国在众多内忧外患的影响下走向了衰落。

欧洲的祖母

维多利亚女王的九个子女相继与欧洲的王室联姻，德国、俄国、希腊、罗马尼亚、瑞典、丹麦、挪威和比利时的王室都跟她沾亲。这位年岁最大的女王，好像是他们的老家长似的。德国皇帝威廉二世是她的外孙，俄国沙皇尼古拉二世是她的孙女婿。在1887年女王即位五十周年大典时，这些王室成员齐聚伦敦为她祝寿，举行隆重的庆典活动。有一幅绘画记录了当时庆典的场面，出现在画面中的、与维多利亚女王有联姻关系的欧洲各国王室成员竟有51人，维多利亚女王成了名副其实的"欧洲的祖母"。

第八节 日不落帝国的余晖——英联邦的建立

说起"英联邦"这个词,大家也许不会陌生,报纸上、广播、电视、网络里常可以看到或听到这个词:它究竟指的是什么?就是指位于大不列颠岛上的英国吗?还是指以英国为主的多国联邦?这"多国"又是指哪些国家呢?

(一)日不落帝国的衰落

英国在17～19世纪,接连打败荷兰、法国、俄国,雄踞海外,拥有广阔的殖民地和众多附属国,号称"日不落帝国"。英国在第一次世界大战前夕对外投资达40亿英镑,资本流向海外,影响了国内企业的扩大再生产能力,工业发展缓慢,技术革新逐渐停滞。靠工业革命兴盛起来的英国慢慢蜕变成坐吃山空的食利国家,靠股息分红为生的食利阶层逾百万人,大量人力、财物浪费在寄生生活的挥霍之中。

维多利亚时代后期,以电力应用为标志的第二次工业革命浪潮席卷欧美世界。以电气、化学、石油采炼为代表的新技术的出现,使各个工业部门依次出现了突飞猛进的发展。然而,曾经是第一次工业革命急先锋的英国这次却明显落伍了,当德、法等大陆国家因采用新技术而出现日新月异的景象时,大英帝国的眼光仍盯着不断扩大的殖民地版图,沉迷于殖民地给它带来的巨额收益。在他们看来,有那么广阔的销售市场,有对世界市场的垄断地位,何愁产品没有销路。因此,无论民间还是政府,都不再对国内的工业技术革新继续保持兴趣和热情。

加上英国历来奉行自由经济政策,政府无力使企业集中实现规模化经营,发展新兴工业。多种因素作用,英国经济发展速度在19世纪最后30年放慢,先后被美国和德国超过,从世界第一退居到第三。

(二)不同类型的殖民地

英国的殖民地大致包括三个类别。

第一类是以欧洲裔白人为主要居民的自治领,包括加拿大、澳大利亚、南非联邦、新西兰等地区。在这些自治领里,英国国王是名义上的国家元首,任命总督来行使象征性的权力,其余立法、行政机构均从当地白人中产生。它们有独立的内政,建立责任制政府,但在外交上无独立权,均须听从

◎英国人在殖民地

英王（实际上是英国政府）的号令。

第二类是直辖殖民地。大多是英国在世界各地建立的殖民据点，也包括那些整个国家都被英国征服的地方，例如直布罗陀、印度等，由殖民部派员（总督）进行直接管辖。

第三类是保护国。这些地方还保留着原有的国家组织机构，只在军事和外交上接受英国的控制，内政权仍由当地政府执行，由英国的外交部负责对这些国家的管理。属于此类者如东南亚的马来联邦和文莱等国以及中东地区的一些酋长国。

到20世纪初，以加拿大、澳大利亚为代表的海外领地先后成立了代议制或责任制政府，取得了财政立法权的完全自主，表现出越来越强烈的自主倾向，并确认英国政府派驻殖民地的总督只能在当地政府建议下行事的原则，取得了"自治领"的地位，开始由英国的"女儿国"变为它的"姊妹国"。虽然英国政府从来不承认这些自治领具有独立国家的地位，但这些殖民地一旦获得了自治领的地位，便立即开始要求得到一个独立国家所应拥有的全部主权，进而与英国建立平等的伙伴关系。

第一次世界大战爆发后，基于共同利益，这些自治领站在英国一边参加战斗，当时的澳大利亚就曾宣布："我们将站在母国的背后帮助她、保卫她，直到最后一个人、最后一个先令。"由于在战争中发挥了重要作用，自治领战后的地位明显提高，这为它们要求调整帝国内部关系，争取更大自主权提供了条件和资本。它们争取权利的斗争也更趋高涨，其首选目标是自主的外交权，为此各自治领要求派遣自己独立的代表出席战后召开的巴黎和会，而不是由英国代表它们出席会议。经过反复的斗争，各自治领最后不仅达到了目的，而且还以独立成员国的身份加入了国际联盟，这样自治领与英国之间的平等关系就得到了国际上的广泛承认。从此自治领作为一个政治实体，逐渐改变了完全听命于英国的局面，开始进行独立的外交活动。

自治领的变化使得"英帝国"一词已很难表达英国本土和自治领之间的新关系,所以战后越来越多的人开始使用战前就已经出现的"英联邦"一词,且渐成趋势。因此从某种意义上可以这样说,英联邦在第一次世界大战后就已经事实上存在了,但最终取得法律上的认可还要等到1931年。

(三) 英联邦的建立

1931年12月,英国议会通过了《威斯敏斯特法案》,这一法案使自治领取得了在法律上与英国平等的地位。英联邦的最初成员有英国和加拿大、澳大利亚、南非、爱尔兰和新西兰5个自治领。到"二战"后,随着英国殖民体系的瓦解,大量发展中国家加入英联邦,现今英联邦的成员国多达50个。

英联邦不是一个统一的联邦国家,它既没有共同的中央政府、共同的宪法和共同的议会,也没有共同的司法机构和军队,且每个成员国都有自己的政府、国会、国防军和法律,并有随时退出英联邦的权利。它只是一个松散的国家集合体,共奉英国国王为国家元首,英国与自治领之间通过互派高级专员保持联系。

英联邦取代大英帝国有着历史必然性,在数百年英国殖民扩张与开发过程中,英国和殖民地之间建立了一种割不断、理还乱的共存关系,尤其是在经济方面。对于英国来说,殖民地是其至关重要的原料来源地和产品市场。对于殖民地来说,它们的经济发展也有赖于英国的资本、技术和市场。这种互相依赖、互相支持的历史关系,促使双方在政治上各行其是的同时,在经济上却日益加强联系,当然文化、历史上的联系,也是英联邦能一直存续的条件。

英联邦节

从1977年开始，英联邦节被定在3月的第二个星期一，以庆祝英联邦各国的团结与合作。节日定在这一天的主要原因是它与任何联邦成员国的节假日都不冲突。另外，参加节庆活动的多为年轻人，那天他们均在学校学习，有利于组织各种庆祝活动。英国的庆祝活动在伦敦的威斯敏斯特教堂举行，英国女王伊丽莎白二世作为联邦的最高首领参加庆祝活动，其他庆祝活动例如植树或上街游行，也在世界各地的英联邦成员国举行。

专题　亚当·斯密与《国富论》

大家都知道马克思主义的三大理论来源之一就有英国古典政治经济学，而英国经济学家亚当·斯密就是该学派的主要创立人，因其对古典经济学的理论体系奠定了最基础的结构，被后人誉为"现代经济学之父"。

（一）饱学之士

1723年6月5日，亚当·斯密出生于苏格兰法夫郡一个只有1500人左右的小镇柯卡尔迪（Kirkcaldy），在他出生之前父亲就去世了。他从小聪颖好学，14岁就离开家乡到格拉斯哥大学（University of Glasgow）学习，主修拉丁语、希腊语、数学以及道德哲学。当时正是启蒙运动时期，欧洲大学的思想很活跃，格拉斯哥大学更是"洋溢着理性的活力"，新思想、新观念层出不穷，大学里聚集着众多学识渊博、思想敏锐的学者，亚当·斯密如鱼得水，学习成绩一直名列前茅，1740年他以优异的成绩获得奖学金被派往牛津大学继续深造。在英国最优秀的大学里，他刻苦研读历史、经济与哲学等方面的著作，并结识了很多当时著名的学者。

1746年他毕业后回到家乡柯卡尔迪，两年后担任爱丁堡大学的英国文学讲师。但他的

◎亚当·斯密

学术兴趣逐渐集中在经济哲学上，他大力倡导自由贸易学说，其经济自由主义思想已初露端倪。

1751年，亚当·斯密受母校格拉斯哥大学邀请，出任逻辑学教授，后来又开始讲授道德哲学。亚当·斯密的课十分生动精彩，他的一位学生曾这样描述："他讲课时从不照本宣科，完全是靠即兴发挥自己的口才……他的情绪热烈激昂，口齿清楚流利。他的论证方法旁征博引，从各个侧面举例提供佐证，然后再一步步地上溯到要论证的命题。学生既从中受到了教育，又享受了无穷乐趣。"在此期间，亚当·斯密写出了他的成名作《道德情操论》。在书中，他提出了在"人人为自己"的利己活动背后，每个人的良知在其中起着内在的调节作用。这本书出版后，立即引起轰动，亚当·斯密成为英国第一流的哲学家。由于亚当·斯密在学术界崇高的声望，他不久就被聘为格拉斯哥大学的校长。

1764年，亚当·斯密辞去格拉斯哥大学的职务，到英国青年贵族贝克莱公爵家任私人教师。他随公爵游历欧洲大陆，有机会考察欧洲政治经济状况，结识了法国学术界名流如伏尔泰、狄德罗、魁奈和杜尔哥等大学者，这对最终形成他的经济理论产生了重要影响。

（二）《国富论》的问世

1767年，亚当·斯密辞掉家庭教师职务后，专心从事政治经济学研究。1776年，亚当·斯密历时六年，修改三年才得以完成的划时代的经济学巨著《关于国民财富的性质和原因的研究》，即《国富论》终于问世了。

亚当·斯密在《国富论》第一章中集中论述了劳动分工的问题。他认为"劳动生产力最大的提高，以及运用劳动时所表现的更大的熟练、技巧和判断力，似乎都是分工的结果"。书中分析生产铁钉的现象，统计出10个工人一天可以生产出铁钉4.8万枚，远远超过一个工人完成制订的所

> **英国钞票上的亚当·斯密**
>
> 英格兰银行宣布,从2007年春天起,被称为"现代经济学之父"的亚当·斯密的头像将出现在英国20英镑新版钞票上。亚当·斯密因此成为第一个获此待遇的苏格兰人。新版20英镑钞票上还印有亚当·斯密在《国富论》中用以阐述其理论的别针厂的图片。

有工序的成果。

亚当·斯密还首次明确提出经济学的最基本的假定——"经济人"的假说。他在《国富论》中有这样一段被广为征引的名言:"我们每天所需要的食物和饮料,不是出自屠户、酿酒家和面包师的恩惠,而是出于他们自利的打算。我们不说唤起他们利他心的话,而说唤起他们利己心的话。我们不说自己需要,而说对他们有利。"在亚当·斯密看来,生产者为人们提供各种各样的商品,不是出于对他人的同情和恩惠,而是出于生产者"自利的打算"。人具有追求自身利益的普遍性,每个人行为的出发点都是"利己"。

在政策主张上,亚当·斯密反对当时流行的重商主义政策,支持自由贸易。他指出:金银不是财富增长的源泉,只有包含着人类劳动的商品才是财富的源泉;一国的富强也不意味着另一国的贫困,通过自由贸易可使得双方各得其所。《国富论》发表后,立刻引起各界的轰动,很快便销售一空,后来一版再版,并被翻译成各种语言的文本,流传到世界各国。

由于长期紧张的工作与写作,亚当·斯密的健康受到极大损害。1779年,亚当·斯密这位终身未娶的大思想家离开人世,终年67岁。

亚当·斯密一生追求完美,他在临终前,因对自己的一些著作不满意,坚持将未完成的十几部手稿付之一炬,实践了他严于律己、认真负责的一贯原则。当然,对后世的读者来说,这些手稿的焚毁无疑是一大损失。

第七章

英国与两次世界大战

19世纪后半叶德国的崛起,给大英帝国构成极大的威胁,在德国的步步紧逼下,英国不情愿地卷入了第一次世界大战。虽然取得了战争的胜利,但英国的国力受到前所未有的削弱,其霸权地位被美国取代,沦为国际格局中的二流国家。

第一节　厘清敌友——协约国的建立

英国著名首相帕麦斯顿说过："我们没有永久的同盟者和永久的敌人，我们只有永久的利益。我们的行动就应该以这些利益为转移。"但在20世纪，面对德国的崛起与挑战，英国出于维护自身利益的考虑，不得不调整其以"光荣孤立"自居的外交政策。

（一）不合时宜的"光荣孤立"政策

在"一战"前的国际关系中，英国长期奉行不结盟的"光荣孤立"政策。所谓光荣孤立，即英国对欧洲大陆国家采取扶弱抑强的政策，以维持国际关系格局的"均势"，防止出现军事强国称霸的局面。

到了19世纪末，随着德国的统一与崛起，英国的光荣孤立政策面临挑战。德国在1870年通过王朝战争实现统一后，紧紧把握住第二次工业革命的机会，大力发展化学、电气工业。到1900年，德国的工业生产总值已超越英国跃居世界第二位，仅次于美国，在生铁、钢、机器制造和化学工业等领域都已明显超过英国。

作为一个具有浓厚军国主义传统的国家，德国具有很强的侵略性和掠夺欲，垂涎老牌殖民国家手中的广阔殖民地。当时德国只有290万平方公里的殖民地，不及英国一个零头，德国就像一匹胃口很大的恶狼，朝思暮想从别的国家口里抢食。于是，拥有世界上最广阔殖民地的英国，就成为德国人的眼中钉、肉中刺。1898年5月，德国驻英大使竟向英国外交大臣粗暴地说:"每个人都知道,英国是应有尽有,而我们呢,却相反,所有的很少。"于是,德国像饿狼般扑向它的对手,抢夺英国口中的"肥肉"。德国的扩张势头,使英国深感不安。

但最令英国恐慌的,莫过于德国全力发展海军,对英国的海上霸权构成极大的威胁。1898年德国通过《海军法案》,开始扩建海军,两年后又通过《海军建设案》,序言中说:"德国必须保持这样的海军力量,当和最大的海军国家作战时,能有威胁那个国家的优势。"这样,原来位列世界第六的德国海军一跃成为世界第二强,仅次于英国。

到20世纪初,面对德国咄咄逼人的威胁,英国显得处处力不从心。后来的英国首相约瑟夫·张伯伦曾说过一句精辟的话:"英国现在已经变成筋疲力尽的巨人,无力支持过于庞大的家业。"为了维护大英帝国利益不受德国侵犯,英国只有逐渐放弃不合时宜的"光荣孤立"政策,寻求盟友的帮助,建立反德"统一战线"。

(二) 英法谅解

这样,作为德国死对头的法国就成为英国反德"统一战线"最先争取的对象,法国在1870年普法战争中惨败在德国的前身——普鲁士手上,割地赔款,受尽屈辱,法国人无时无刻不忘报仇雪耻。

1903年,为拉拢法国,英国国王爱德华七世不顾进行国事访问会遭到冷遇的忠告,前往法国访问。由于英法在历史上的长期敌对,初抵法国,爱德华七世就遭到了群众的冷遇。没有鲜花,没有欢呼,法国人个个面带愠色,有人甚至还奚落地喊:"布尔人万岁!"爱德华七世却步履稳健、态度从容,以微笑回应法国人的白眼。在总统府,他发表了深情的演说,他说:"我自童年起就认识巴黎。我一直对这个城市的美和市民精神深怀敬意。"他还特别强调,英法两国唇齿相依、密不可分的关系,以及

◎爱德华七世

两国保持友好的重要性。他进而到处发表演说，他谦和、诚挚、风趣的形象渐渐感动了法国人。当他启程回国的时候，巴黎群众纷纷高呼："上帝庇护国王！"爱德华七世的访法之行，为他在英国赢得了"和平缔造者爱德华"的美名。

法国这时也意识到英法联手制衡德国的必要性，于是英法双方在英王访问后不到一年的时间里，在相互谅解的基础上达成妥协，于1904年4月7日签订了协议，以调和双方在殖民地的矛盾，它包括几项协定：（一）法国承认英国在埃及的特权，英国承认法国在摩洛哥的特权；（二）划定两国在泰国的势力范围；（三）法国放弃在北美的纽芬兰的岸上权利，英国同意修改西非与法国殖民地的疆界。英法之间的"真挚谅解"——《衷心协约》就此达成，实际上两国建立了非正式的同盟关系。

（三）英俄联手

英国在同法国订立了攻守同盟后，又把结盟的目光投向了俄国。英俄的矛盾要比英法矛盾复杂和尖锐，英俄两国由于双方在亚洲的激烈争夺曾经一度相互仇视。当时为争夺黑海海峡的控制权，俄国与英国在克里米亚进行了一场恶战，在远东，俄国也对英国与日本结盟不满。"但是，在

20世纪初,德国的扩张同样威胁俄国。同时,德国支持的奥匈帝国也在向巴尔干扩张。"就这样,来自德国的威胁,使英俄缓和了矛盾,双方都感到联合遏制德国的必要性。

在爱德华七世提出的英俄亲善主张和法国的极力撮合下,英俄举行"坦诚的会谈"。1906年,英国主动采取行动,与法国一起向财源枯竭的沙皇政府提供贷款,同年两国还就有关问题开始了外交谈判。1907年3月,俄国海军舰队访问英国的朴次茅斯港,受到热烈的欢迎,这是两国和解的公开信号。最后在1907年8月31日,在圣彼得堡签订了类似于英法协约的英俄协定,表示双方将在未来的国际事务中相互支持,共同对付来自德国的威胁。

英俄协定的签订,标志着"三国协约"的最终形成,英国从法、

> **温莎王朝的渊源**
>
> 1901年,维多利亚女王的长子爱德华七世即位后,因他的父亲阿尔伯特是德国萨克斯-科堡贵族的一员,为缅怀他的父亲,就以萨克斯-科堡为他的姓氏,他统治的王朝也被称为萨克斯-科堡王朝。
>
> 但到了1910年他的儿子乔治五世即位时,英德关系已经恶化,战争不可避免,英国皇室的德国姓氏遭到英国各界的非议。乔治五世决定使用一个具有英国特色的新姓氏。后来乔治五世采纳了一个私人秘书的建议,决定用"温莎"作为自己的姓氏。
>
> "温莎"是英格兰伯克郡的一个城堡,位于伦敦西面,泰晤士河的南岸。温莎城堡据说是欧洲较大的城堡之一,原为威廉一世所筑的要塞,后为王家居住地,查理二世和乔治四世时代曾把它用作国宾馆。与历代王室的亲密关系,使温莎具有了独特的地位。1917年7月,乔治五世亲自在枢密院会议上宣告:"从即日起,决定更改族姓。今后我的全家姓'温莎',我的家族就叫作'温莎家族'。"除此之外,乔治五世还宣布放弃德国授予他的所有头衔和勋章,以示与敌对的德国彻底划清界限。正是由于这次改姓,从乔治五世开始,英国进入了温莎王朝时代。

俄的敌手转变为盟友。这样，由英、法、俄组成的协约国集团和由德、奥、意组成的同盟国集团正式组成了两大营垒。两大军事集团相互对峙、剑拔弩张，致使危机迭起、战云密布，最终点燃了第一次世界大战的导火线。

第二节　英国与第一次世界大战（上）

1914年8月，欧洲南部巴尔干地区萨拉热窝市的一声枪响，把几乎所有的欧洲国家卷入一场惨烈的战争中，英吉利海峡也失去了往日的平静。为了维护大英帝国的荣誉与利益，英国极不情愿地卷入了这场战斗，英国远征军与法国军队联手，在西线与同盟国军队展开了旷日持久的血战。

（一）不列颠参战

1914年6月28日，奥匈帝国皇太子斐迪南大公，到波斯尼亚首府萨拉热窝检阅当地的军队。他在乘车进入城内时，被塞尔维亚青年普林西比射出的"仇恨的子弹"击中，大公伤重毙命，萨拉热窝事件成了第一次世界大战的导火线。

萨拉热窝事件之后，德国坚决主张奥匈帝国对塞尔维亚采取军事行动，并保证给予支持。俄国表示支持塞尔维亚，法国支持俄国，而英国政府因主和派的阻挠，态度一度暧昧。一直到德国在8月2日向中立国比利时发出最后通牒，英国的主战派才占了上风。8月4日，德军入侵比利时的消息传入英国，英国在当日下午2点，对德发出最后通牒，要求德国保证尊重比利时的中立，并责令其在当夜11点前答复，否则英国将关闭驻德国大使馆，即对德国宣战。

当天晚上，英国内阁会议室里灯光惨淡，大臣们围坐在会议桌旁，表情木然,双眼凝视着时钟,沉浸在嘀嗒声所表示的时间流逝之中,怅然若失。当议会塔上的大钟响起11点的第一下沉重报时声时,每个人的目光都随之一亮,随即却又黯然下去。20分钟后,英国发出了开战电令:"战争,德国,行动。"就这样,英国极不情愿地加入了这场"决定今后数百年历史进程的战斗"——第一次世界大战。

(二)马恩河会战

战争打响后,德国从西线假道中立国比利时向法国发起进攻,企图一举攻克巴黎,再续普法战争的辉煌。1914年8月9日,英军四个师横渡海峡,正式赴大陆作战。8月23日,英军在比利时的蒙斯与德军遭遇。激战9小时后,英军在德军强大的炮火攻击下,被迫撤退。

8月底9月初,法国和英国远征军把有生力量开始向巴黎集结,准备与德军决一死战。法军调集一切力量加强兵力,最后双方主力部队在马恩河两岸展开了殊死的血战。

9月4日,法军总司令霞飞下令反攻,双方在宽达200公里的地带展开激战。德军作战兵力为68万,英法联军投入84万兵力,数量上占有优势。由于德第1、第2集团军之间出现宽达50公里的缺口,英法联军乘虚而入。9月10~14日,德军为避免被分割包围而后撤到埃纳河以北,这次战役英法伤亡22万多人,德军折兵25万多人。德国速战速决的"斯蒂芬计划"宣告失败,从此,战争转入旷日持久的阵地战。

◎马恩河会战

（三）达达尼尔战役

1915年，英法军队为了在南方牵制德军，打通与俄军的联络通道，决定对德国的盟国土耳其发动进攻，协约国组成包含英、法、澳新、印度等国7.5万人的部队，向达达尼尔海峡西北侧的加利波利半岛发起猛攻，想借此一举攻克土耳其首都伊斯坦布尔，迫使土耳其退出战争。

2月19日，英法组成联合舰队，从英格兰海军基地出发，浩浩荡荡地经爱琴海驶向达达尼尔海峡。刚一驶入海峡，舰队的司令卡登就命所有舰炮齐轰加利波利半岛土耳其守军的防御要塞。土耳其军队在遭突然袭击的情况下，纷纷丢弃阵地向内陆撤退。英国突击部队在没有遇到抵抗的情况下率先冲上海岸，捣毁土耳其军队的海岸防御设施。正当英法军队准备扩大战果时，隐蔽在阵地中的土耳其士兵一起开火，把正在攀登悬崖的英军突击队打了个措手不及。3月3日，联军的首轮登陆行动宣告失败，卡登上将也被当作伤员送回英国。

由于第一轮攻击的失败，使得陆军代替海军成为第二轮攻击的主角。协约国仓促从埃及集结了一支近8万人的远征军，其主力由澳大利亚和新西兰军队组成，这就是因此次战役而闻名于世的"澳新军团"。

1915年4月25日夜，协约国部队在半岛的几个滩头同时展开登陆行动，并成功登陆。土耳其军队随即进行了猛烈的还击，由于"澳新军团"士兵大多没有接受过夜间登陆训练，再加上对半岛地形一无所知，根本无法有效展开部队，滩头阵地实际上陷入难以防守的局面。已登陆的16万名"澳新军团"士兵在土耳其军队炮火的压制下，被困在临时掩体中动弹不得。接下来的几天，双方又陷入僵持局面。英军在其他五个海滩的登陆作战也付出了惨重的代价，有的部队几千人全部被歼灭，有的才前进了几英里就被反攻的土军击溃。指挥土军防御的就是后来被称为"土耳其国父"的凯末尔，当时他尚是一个名不见经传的师长。

双方历经几个月的苦战，协约国军队只向前推进了数公里，无法打破土耳其军队顽强的防守，随着冬季的来临，协约国军队数千人被冻伤冻死。11月23日，英国国防大臣视察战场后，不得不下令分阶段撤退，9万军人秘密撤离加利波利。1916年1月9日，当最后一名"澳新军团"士兵离开海滩后，"一战"中最大的登陆战也就正式宣告结束。

达达尼尔海峡战役对英国人来说是一场大灾难，整个"一战"期间，英国在任何一次战役中都没有遭到过这样大的损失。这次战役中，英国军队41万人中伤亡达21.4万人，法国参战的7.9万人中伤亡达4.7万人，6万澳大利亚参战士兵中有8700人战死，1.9万人负伤。土耳

> **揭露战场真相的默多克**
>
> 当达达尼尔战役整个战线呈胶着状态，战役实际上打不下去时，协约国方面却不愿承认这一事实。由于新闻封锁，参战国国内许多人还不了解前方的真相。
>
> 当时，澳大利亚报业集团派驻伦敦办事处的工作人员名叫凯思·默多克，他获准到达达尼尔战役的作战基地以及"澳新军团"前线去做调查，一个英国战地记者告诉默多克许多关于达达尼尔战役的内情。默多克在前线待了4天，由于签署过接受新闻检查的保证书，默多克不能把所见所闻见诸报道。但他于9月21日回到伦敦后立即给澳大利亚总理写了一封有8000字的长信，信中详述了澳大利亚士兵的英勇以及军事指挥的无能。英国首相阿斯奎斯听说此事后，要来这封信的副本，并立即作为内阁文件复印，英国的达达尼尔委员会主席、军需大臣、陆军大臣、海军大臣也分别接见了这位不知名的小记者。24小时后，达达尼尔战役的指挥官汉密尔顿将军被免职，英国军方不久做出了撤退的计划。
>
> 这位独自一人用所见所闻对结束这场战争发挥了重要作用的小记者默多克，一跃成为英国新闻界的名人。他后来回到澳大利亚，创立了自己的新闻事业，他的儿子鲁珀特·默多克进而把它扩大为世界上最强大的新闻传播帝国。

其参战的 50 万人中伤亡达 25.1 万人，但土耳其人保住了海峡，他们是胜利者。对于达达尼尔战役，英国著名历史学家杜培评论说："除了克里米亚战役外，这次远征是现代英国军事史中进攻最糟糕、指挥最无能的军事行动。"

第三节　英国与第一次世界大战（下）

1918年11月11日上午11时，在巴黎东北的贡比涅森里传来101声礼炮响，德国签署了停战协议，宣告投降。消息传到英国，举国上下一片欢腾，但英国的政治家们却笑不出来，他们弄不清英国在这次战争中究竟是赢家还是输家。

（一）索姆河的"马克"

1916年，"一战"的战场从冰天雪地的东线转回到泥泞潮湿的西线。1916年2月21日，德军在凡尔登发起了进攻，长达一年的凡尔登战役开始了。为了牵制凡尔登的德国军队，以英军为主力的英法联军于7月在法国北部发起索姆河战役。

6月24日，索姆河两岸雷鸣般的炮声打破了清晨的宁静，英法联军隐蔽的炮兵群对德军阵地开始了大战以来最大规模的炮击。空前猛烈的炮火使德军阵地顿时陷入一片火海之中。盘旋在德军阵地上空的协约国飞机不时扔下炸弹，而后俯冲扫射。

到7月1日清晨，炮击终于停止了，初升的太阳照耀着硝烟渐渐散去的战场，经历了一周炮击的德军阵地上死一般的寂静。早晨7点半，英军的阵地上突然响起刺耳的军哨声，只见英军士兵爬出战壕，开始向德军阵地发动攻击。与此同时，英军进行了更为猛烈的炮火掩护。但这时所有掩藏在地下工事中的德军倾巢而出，他们抬出沉重的机枪，把黑洞洞的枪口居高临下地指向排列整齐、几乎是肩并肩缓慢前进的英军士兵。待到英军接近时，德军枪炮齐发，顷刻间把英军"像割麦子一样成群地扫倒"，结果进攻变成了大屠杀。仅这一天，英军就伤亡了6万多人。

接下来，双方展开阵地战，战斗异常激烈，地面上炮弹坑密密麻麻，死尸遍地，恶臭熏天。

> **第一次使用坦克**
>
> 1916年9月15日，英军采用了他们的秘密武器——坦克。这是这次大战中最革命的武器，比攻城榴弹炮或毒气意义要大得多。主要创始人是欧内斯特·斯温顿上校，这位作家在战前写的文章，就想象一架自动推进的机器，类似美国的履带拖拉机那样，能在一条连续的带子上前进。

英军的每一步推进都付出了巨大的代价。为了改变索姆河战役的胶着状态，英军打算以一种新式武器来加快进攻的步伐。

9月15日清晨，索姆河畔大雾弥漫，这时德军阵地前突然响起了"轰隆轰隆"的机器轰鸣声，十几个巨大的"怪物"身披钢甲，形如房屋，脚底虽没有安装轮子却能缓缓前进，身后扬起棉絮般的尘土，从这些"怪物"里还传出"嗒嗒嗒"的机枪射击声，子弹像雨点般射向德军士兵。这些装有铁甲的战车用宽大的履带压垮了铁丝网、越过战壕，将工事碾压得支离破碎。德军见状吓得四散逃窜，他们不知道这就是"坦克"，后来称雄战场的"陆战之王"。

这一仗由于坦克的助战，英军取得了巨大的胜利。英军未受多大伤亡就向前推进了4.5公里，缴获德军众多武器。但是不久，德军开始加强防御体系，并掌握了反坦克作战的方法，英法军队的所有进攻都无法奏效。转眼进入11月份，索姆河两岸大雨滂沱，被炮火破坏的地面变成一片片沼泽，连生存都困难，进行战斗简直是不可能的。而此刻双方的物资也已近枯竭，无以为继。直到这时，索姆河战役才不得不宣告结束。通过这次战役，英法联军虽然牵制了德军，使其放松了对凡尔登的攻势，但代价巨大，光英军的损失就有42万人。

（二）日德兰大海战

当英国的远征军在欧洲大陆上同德军奋力厮杀的时候，英国皇家海军的将士们则在大西洋北海地区的日德兰海面上同德国舰队进行着一场殊死较量。德国的海军舰队自大战开始以来一直被英国强大的海军力量封锁在其海军基地内，动弹不得。长期的海上封锁严重影响了德国经济，因而德国海军的指挥官决心与英国海军进行一次真正的会战，突破英舰的封锁。而英国人则感到，德国的出击是彻底摧垮这个海上劲敌的大好时机。

5月31日，北海的海面上阴云密布，海面一望无际。德国的诱敌舰队沿日德兰海滨向西北驶去，而这时英国的诱敌舰队自西北向东南驶进。一路上两支舰队都不停地拍发无线电报，唯恐对方不知道自己的行动。下午2时20分，两支舰队相遇，都庆幸地以为对方上了自己的当，很快，双方都进入了大炮射程，日德兰海战就此打响。

15时48分，巨炮雷鸣般地响开了，双方展开了远距离的炮轰。16时整，英舰"雄狮"号炮塔被炸，燃起熊熊烈火，首先被击毁。16时26分，2.7万吨的英国超级无畏舰"玛丽女皇"号也被德舰炮弹连续击中，发生了水中大爆炸，一分为二。

17时，受到胜利鼓舞，一直后撤的德国侦察舰队突然转舵，返身扑向实力受挫的英国舰队。英舰队被迫后退，眼看就要支撑不住了。在这千钧一发的时刻，英军的后援舰队——第五战列舰队姗姗来迟，这才稍稍扭转了英国海军的败势。

英国第五战列舰队投入战场后，形势发生逆转。德军受到大口径炮的威胁，几乎陷入危局。这时，一位德军观测兵激动地喊起来："我们的大

◎日德兰海战

洋舰队来啦!"来者大多是"无畏"级战列舰和巡洋舰,大小共有70多艘,由德国的舍尔海军上将直接指挥。英诱敌舰队司令贝蒂急忙向英国舰队司令杰利科海军上将报告了这一情况,请求火速增援。而杰利科在听到贝蒂的呼救信号后,马上命令舰队全速前进。到18时13分,英国海军的主力队也杀入了海区。

这时夜幕已完全降临,海面上漆黑一片。待到双方发现彼此的时候,距离已是很近。两支舰队在慌乱中投入战斗。只见在照明弹、探照灯及中弹军舰上燃起的冲天火光的映衬下,上百艘英德战舰碰撞、扭转、加速、开炮。一时间,夜幕笼罩下的日德兰海面上,炮声隆隆,恶浪翻腾,一条条鱼雷在水中四处飞驰,不时有舰艇中雷,顷刻间沉入海底,只在海面上留下几缕青烟。最后英军的舰队利用自己在航速上的优势,截断了德军回港口的航道,对德军舰队形成包围之势。

到次日清晨,德舰见大事不好,遂冒着纷飞的炮火和纵横的鱼雷,从英舰的封锁中杀开一条血路,落荒而逃。英舰由于未能及时收到有关敌舰逃亡路线的情报，眼睁睁看着对手穿过事先布满鱼雷的秘密通道回到基地。英舰只得收兵作罢，规模浩大的日德兰海战遂告结束。

海战的结果，英军舰只损失和人员伤亡都大于德国，似乎让德国人占了便宜，但在战略上，英国海军成功粉碎了德国海军突破封锁的计划，牢牢掌握着制海权，使得庞大的德国舰队被困海港，无法发挥作用。

（三）惨痛的胜利

1917年在西线战场，由于法国国内兵变，又连遭败绩，对德作战的重担不得不落在英军肩上。6月至11月的伊普尔之战，德军放水阻止英军的进攻，英军被迫在烂泥塘中与德军展开苦战，最后以牺牲30万人的代价，只得到了几平方英里毫无价值的沼泽地和荒芜区，这是英国开战以来打得最糟糕的一次战役。

11月至12月的康布雷镇战役，英军最初取得了很大胜利，俘获敌军7000余人，摧毁了德军大量坦克。为此伦敦各处教堂钟声齐鸣，庆贺胜利。但英国人高兴得太早了，德军反扑后，夺回了一半的失地，英军死伤甚多。英军撤退的消息传到国内，伦敦的欢乐顷刻无存。

当大战双方精疲力竭之时，一直保持中立的美国以德国实施"无限制潜艇战"为由，于1917年4月宣布对德宣战。美国

> **谁是日德兰海战的胜利者？**
>
> 海战结束后，交战双方都宣称自己是胜利者，以至于如何评判它成了世界海战史上的一段著名公案。就战术而言，德国人的确是这场海战的胜利者，大洋舰队向强大的英主力舰队发起了勇猛的挑战。然而就战略而言，德国海军没能打破英国的海上封锁，全球海洋仍然是英国海军的天下，大洋舰队困在港内毫无作用，仍然是一支"存在舰队"。

的参战大大加强了协约国方面的力量,英国听到美国参战的消息后欣喜若狂。

1918年11月,败局已定、节节败退的德国爆发革命。11月11日,德国人终于放下了手中的武器,签订了停战协定,血战四年多的第一次世界大战终于结束,英国成了这场战争的胜利者。

英国为战争的胜利,付出了高昂的代价。战争中英国与其自治领一共900万人因战争而残障,伤亡或失踪达出兵总数的三分之一,其中战死近百万人;英国庞大的商船有70%被德军摧毁,大英帝国赖以生存的两大基础——经济实力与海上霸权均受到极大削弱。随之而来的是左右时局的国际地位的丧失和国内社会秩序的动荡,"日不落帝国"的太阳开始陨落了。

妇女赢得选举权

在"一战"前后,众多英国女性走出家门,填补大量成年男子入伍空下的职位,妇女地位大大提升,她们在此情况下也为取得选举权而开展了声势浩大的女权运动。英国女权运动的领头人是埃米琳·潘克赫斯特(Emmeline Pankhurst)。潘克赫斯特早在1918年英国妇女获得选举权之前的多年就发起了争取让妇女有投票权的民间反抗运动。这些女权主义者为引起社会的关注,常常做出一些极端行为。

她们通常从防寒手套和手提包中拿出事先准备好的锤子,然后开始向伦敦的主要大街行进,沿途她们用锤子砸碎商店橱窗的玻璃,因为她们知道此时此刻潘克赫斯特也正在准备用石头向唐宁街的一扇窗户投去。

在女权运动的压力下,英国议会通过法案,规定年满21岁的男子和年满30岁的女子都享有选举权,英国的妇女被首次给予了选举权。

第四节 姑息养奸的"绥靖政策"

1938年9月13日晚11点,一份电报越过英吉利海峡飞向德国:"鉴于局势严重,我提议立即前来见您,以寻求和平的解决方法,请赐告会面的地点,盼尽早赐复为感。"这封电报乍一看很像一封下属给上级的信函,但殊不知电文中的"我"是英国首相张伯伦,"您"则是德国元首希特勒。

(一)养虎为患

"一战"后,英国虽然取得了战胜国的地位,并通过《凡尔赛和约》分得了德国的大多数殖民地,但它在大战中损失了近百万青壮年劳动力,战后也从债权国变为债务国。美国大发战争横财,经济上已经远远超过英国,海军实力相当可观,国际影响大增。新兴的苏联粉碎了帝国主义的武装干涉,巩固了社会主义政权,由于意识形态的不同,英国对这个赤色政权始终抱有敌意,法国收回阿尔萨斯—洛林铁矿区,并取得萨尔煤矿开采权,有重振雄威重做欧洲霸主的可能。大国之间的矛盾盘根错节,近在眼前的宿敌法国与远在东方的苏联成为英国日夜盘算与警惕的对象。英国要阻挠法国称雄欧陆与抵御苏联势力的扩张,就必须借助德国的力量,于是英国在"一战"后改变策略,采取扶德抑法制苏的平衡外交。

战后德国力争尽快摆脱战败国地位,要求与欧洲各国平等相处。英国率先表示支持,1925年10月签署《洛迦诺公约》,根据公约,德国被邀请加入国际联盟，并取得常任理事国席位，势力与影响大增。

1933年战争狂人希特勒上台，积极推行扩军备战和侵略扩张政策，在争取生存空间的口号下，不断破坏《凡尔赛和约》对德国的约束，例如在1935年德国颁布《国防军法》，实行普遍兵役制，建立空军和潜艇部队，并在1936年3月违约派军进入莱茵非军事区。希特勒得手后神气十足，渐渐不把英法放在眼里，日夜盘算建立"第三帝国"的侵略计划。

而这时英国在"一战"的阴影下，国内弥漫着孤立主义、和平主义的思潮，厌战、反战成为社会的主流。在此背景下，英国的主政者对于德国法西斯的扩张无比恐惧，为避免战争，对德国法西斯采取了一套故意纵容、养虎为患的"绥靖政策"。

1937年5月，张伯伦出任英国首相，全面推行绥靖政策。希特勒的胃口和胆子也更大了，11月，希特勒制订了侵吞奥地利的秘密计划。但张伯伦得知希特勒的计划后，不但不予反对，反而派特使前往德国暗示英国不会阻拦德国向东扩张，声称"欧洲秩序早晚注定要发生变更"。在英国的默许下，1938年3月，希特勒吞并了奥地利全境，英国对德国此举，仅仅在口头上表示了一下"抗议"而已。

（二）苏台德危机

吞并奥地利后，希特勒紧接着又向捷克斯洛伐克提出领土要求，他以苏台德区的日耳曼人遭到迫害为由，提出要兼并捷克斯洛伐克中以日耳曼人为主要居民的苏台德区。希特勒一面指使苏台德地区日耳曼头目不断制造暴乱，蓄意挑起苏台德危机，一面在欧洲耀武扬威，他动员数十万军队参加军事演习，派飞机骚扰捷克斯洛伐克的领空，并邀请各国驻德武官们参观德国海空军事演习。

9月12日，希特勒发出战争叫嚣，扬言如果捷克斯洛伐克政府不接受德国的全部要求，马上就有战争危险。这反而急坏了谈战色变的张伯伦，为避免把英国再次推入可怕的战争，他决定屈尊亲自前往德国求见希特勒，寻求"和平解决"的办法。

张伯伦的姿态立即得到了英国国内广大公众舆论的支持，人们钦佩"一位年近七旬的人竟有勇气首次出访，去闯龙潭"。

(三)《慕尼黑协定》

9月15日，年近七旬的张伯伦乘飞机，历经7个小时的长途颠簸，前往德国最偏远的贝希特斯加登地区朝见希特勒。而希特勒并未前去迎接他，而是在他的行宫别墅高高的台阶上等候他的贵宾，一副不可一世的样子。

会谈一开始，希特勒就切入了正题。他一脸怒色地说："300名苏台德人被杀，这种事不能继续下去了，这种事必须立即解决，我不仅决心解决，而且决心很快解决，我已经准备好了，就是冒战争的风险，也不能让这件事拖下去了。"张伯伦对希特勒的态度极其愤慨，为维护大英帝国的脸面，他也厉声质问道："既然元首已决心武力解决，为什么还要我跑冤枉路到德国来？"希特勒犹豫片刻后，态度缓和下来，表示愿意就危机的解决方法进行讨论。希特勒提出要让苏台德地区享有"民族自决的绝对和最后的权利"。张伯伦表示在没有同内阁、法国进行商量的情况下，他不能代表英国做出任何决断。于是张伯伦于次日飞回伦敦。

在希特勒战争威胁的压力下，英国和法国于9月18日达成一致意见："把日耳曼居民占一半以上的地区从捷克斯洛伐克分离出来，予以自治地位，捷克斯洛伐克的安全将由英、法、苏三国共同协助维护。"这样，张伯伦带着希特勒所要求的一切于9月22日再次前往德国与希特勒进行会谈。

张伯伦向希特勒表示，英法已依照德国的愿望，拟定了苏台德区自治的计划。但还未等张伯伦说完，希特勒就粗暴地打断了他的话，他说："由于过去几天内形势的发展，这个计划不再有什么用处了。苏台德地区必须立即由德国予以占领，这一问题最迟要在9月28日最后完全地解决！"

◎ "战争狂人"希特勒

张伯伦被希特勒这副流氓习气气得满脸通红，双方争论了将近3个小时，毫无结果。张伯伦心里"充满了凶事临头的预感"。23日，张伯伦与希特勒就德国的这一新要求进行了最后一次会谈。希特勒要求在10月1日前由德国军队完成对苏台德地区的占领。

9月24日，张伯伦怀揣着德国人这份措辞强硬的备忘录返回英国，在晚上召开的内阁会议上，内阁决定拒绝希特勒的要求。但在当时和平主义的气氛下，英国根本没做好应对战争的准备。张伯伦决心说服国人，在27日晚上，他向民众发表广播演讲，谈到一场原则上已经解决了的纠纷竟会成为战争的导火线，这未免太不合情理了。只要一线希望尚存，他就不会放弃争取和平的努力。

9月29日，张伯伦为避免战争第三次飞往德国，当天下午，德、英、法、意四国首脑参加的慕尼黑会议正式开场，经过一番激烈的讨价还价，到9月30日凌晨2点半时，四国达成了肢解捷克斯洛伐克的《慕尼黑协

◎张伯伦手持《慕尼黑协定》

定》,将苏台德区及南部地区割让给德国,英、法保障捷克斯洛伐克剩余的领土不再受到侵犯。而作为当事国捷克斯洛伐克,自始至终被排斥在会议之外,会后才被英法代表召唤进来,强迫在协定上签字。在四国强大的压力下,捷克斯洛伐克政府代表怀着满腔的愤恨屈服了。

9月30日,张伯伦"胜利"地回到了伦敦。当晚,他笑逐颜开地站在首相官邸的阳台上,挥舞着同希特勒签署的联合声明,对涌到这里的人群不无得意地说:"我的好朋友们,在我国的历史上,这是第二次把光荣的和平从德国带回到唐宁街来。我相信,这是我们时代的和平,从今以后整整一代人的和平有了保障。"

然而历史是无情的,绥靖的美梦很快就破灭了,希特勒终于露出了他贪得无厌的本性。1939年3月,捷克斯洛伐克被纳粹完全占领,9月1日黎明,希特勒的军队又长驱直入波兰,绥靖政策下缔结的和平已化为乌有。

9月3日,张伯伦以极度痛苦而颤抖的声音宣布对德作战,在对议会下院发表的演讲中,张伯伦像宣告个人悲剧般伤感地说:"我在为公众服务期间为之致力的一切、希望的一切和信赖的一切,今天已摧毁殆尽了。"

"二战"期间的唐宁街10号

唐宁街10号(No.10 Downing Street)位于英国伦敦威斯敏斯特白厅旁的唐宁街,是一座乔治风格建筑,建于1680年,18世纪以来为英国历届首相官邸和办公处。唐宁街为17世纪后半叶由唐宁爵士开发建筑的私人住宅街道,后来保留了四所住宅。1733年,英国国王将10号辟为首相官邸。

唐宁街10号楼内最有名的房间是内阁室,从室内可远眺皇家禁卫军的换岗仪式。"二战"期间,丘吉尔将地下室的一间房间用作餐厅。二楼有早餐厅、国宴厅、书房及第二会客厅,其中最大的为国宴厅。

1940年9月,纳粹德国开始对英国发动闪电战,并对伦敦进行猛烈轰炸,唐宁街10号自然成为袭击目标。在同年10月14日,唐宁街旁的财政部草坪被炸弹击中,波及了唐宁街10号的厨房和数间房间。为躲避轰炸,唐宁街10号的地底下建造了一个可容纳6人的防空洞,以便逃生。有一次,英王乔治六世和丘吉尔吃饭时,就曾在这个防空洞躲避空袭。

第五节　英国与第二次世界大战（上）

法国海滨城市敦刻尔克的海滩大堤上立着一座高大的纪念碑，每年5月8日反法西斯纪念日这一天，纪念碑前都会聚集许多自发前来的群众，人们献花、歌唱，凭吊"二战"中长眠在敦刻尔克的先烈。而在不远处的海滩，德军战机的隆隆声和炸弹的咆哮声已成为往事，只有敦刻尔克的海滩涛声依旧……这一切还要从英法在"二战"初期消极的防御策略说起。

（一）西线无战事

正当波兰军民为抗击德国法西斯的侵略，用战马对付坦克、长矛抗拒大炮的时候，英法两国虽然向德宣战，但却宣而不战。于是，在第二次世界大战初期的欧洲战场上，就出现了东线炮火连天，西线却寂静无声的奇怪现象。

这个奇怪现象的根源是英法在"二战"初期的消极防御政策。和德国与意大利这样的集权法西斯国家不同，英法作为民主国家，在短时间内进行战争动员的效率较差。"二战"开始时，从军事力量与武器装备来说，英法与德国相比都居于明显的劣势。

1939年10月28日，英国战时内阁批准的战略方针规定：第一是保卫英国的海上交通线；第二是顶住德国空军的威胁，使之不能在西线占有战略优势，空军基本力量应用于保卫英国本土；第三是不使法国在阵地上被击溃；第四是确保英国在近东和印度的利益；第五是在远东保障新加坡的安全。英国这种军事战略是企图依靠由堡垒和壕堑构成的防线，静待敌人进攻，并通过海上封锁逐步削弱敌人，赢得动员的宝贵时间。

> 明天在多佛的白色悬崖上
> 将有知更鸟在飞翔
> 你只需耐心等候
> 明天当世界赢得自由
> 将会有爱和欢笑
> 和平也将永驻
> ——"二战"时期英国歌曲
> 《多佛的白色悬崖》

在这一战略的引导下，从开战到1940年5月，英法联军近110个陆军师大部分时间躲在法国与德国边界的马其诺防线静观其变。后来，希特勒在不到一个月的时间里占领波兰，东线战事结束，西线战场的形势才紧张了些。但是，在整整半年时间里，除了一些零星的战斗外，英法基本上没有采取什么大的军事行动。在战争爆发的前两个月里，德军在西线总共才伤亡了500多名士兵，而法军则伤亡600多人。英国人好像最"幸运"，一直到战火燃起三个多月以后，他们才有了第一次伤亡报告，一名班长在巡逻时被流弹击中身亡。

面对穷凶极恶的法西斯，"消极防御"使英法失去了主动出击的有利机会，在德国闪电战的攻势下，英国和法国很快陷入极为被动的局面。

（二）虎口脱险——敦刻尔克大撤退

1940年4月9日，德军突然侵占丹麦和挪威。这时英国才如梦方醒，采取了积极进攻的措施，但因战机已失，无法扭转战局，德军以闪电战很快在北欧获胜。

1940年5月10日早晨，134个德国师、200多万军队在3000多辆坦克的引导下向着荷兰、比利时、卢森堡和法国全线猛扑过来，德军的主攻方向选在了马其诺防线的北端——曾被视为坦克无法通过的陡峭且森林密布的阿登山区。弱小的荷兰、比利时、卢森堡迅速败亡，法国军队也在德军猛烈的攻势下节节败退。到5月下旬，数十万英国远征军与法国军队被迫撤到离英吉利海峡约60公里的法国海滨城市——敦刻尔克。正当德军准备发动最后进攻，歼灭背水作战的英法联军时，希特勒突然下令德军的装甲部队停止前进。不管希特勒出于何种动机，他的命令给英法联军，尤其是英军提供了死里逃生的机会，从而出现了第二次世界大战史上著名的"敦刻尔克奇迹"。

这时主张绥靖政策的首相张伯伦在5月10日已经狼狈辞职，5月13日，以丘吉尔为首的战时内阁正式成立，面对敦刻尔克数十万随时都有可能被德军包围歼灭的英法联军，英国很快制订出用船把敦刻尔克军队撤回英国的"发电机"计划。

5月26日（星期日）傍晚6时57分，英国海军部命令将"发电机"计划付诸实施。人类航海史上前所未有的敦刻尔克"舰队"从英国的6个港口浩浩荡荡地出发了。在德国空军炮火的猛烈袭击下，上千条各色各样的船只向着敦刻尔克方向前进。这是一支古怪的"无敌舰队"，有颜色鲜艳的法国渔船，有运载乘客的旅游船，还有维修船、小型护航船、扫雷艇、拖网渔船、驱逐舰、英国救援船、雷达哨船……这支极为离奇、难以形容的船队，由各种各样的英国与法国人驾驶着，他们中有银行家、医生、出租汽车司机、快艇驾驶员、码头工人、工程师、渔夫和文职官员……他们中有皮肤娇嫩的少年，也有古铜色皮肤映着苍苍白发的老人，不甘心屈服于法西斯的英法民众自愿加入运送英法联军的队伍中。

这时英军驱逐舰甲板上都满载大量兵员。在返回英国多佛港的时候，船身倾斜得令人难以置信。一路上，凭着奇迹般的航海技术，它们在海中忽左忽右，作着"之"字形的航行，避过敌机的狂轰滥炸。在这次大撤退中，英国海军不仅承担了相当一部分运送兵员的任务，而且还为运兵船只护航，英国舰只不断击退了德军的鱼雷快艇、潜艇和轰炸机的攻击。在空中，英国皇家空军倾巢出动，派出了几乎所有可以升空的飞机为撤退保驾护航。

到 6 月 4 日下午 2 时 22 分，英法两军的指挥官

◎ 正在等待撤退的英法联军

一致同意"发电机"计划至此结束，满载着法国士兵的英舰"希卡里"号是最后一艘驶离敦刻尔克港口的船。就在这艘弹痕累累的英国驱逐舰在宽阔的海面上颠簸前进时，德军坦克小心翼翼地爬进已成废墟的港口，留守掩护的法国部队打出了他们最后一发子弹，惊心动魄的敦刻尔克撤退宣告结束。

撤退过程中，盟军在敦刻尔克阵亡 9290 人，加上受伤和失踪者，共报失 6.8 万人，还有数万负责殿后的法国军队被俘。尽管蒙受如此巨大的损失，但英国一共把近 34 万英法与比利时的军队撤回英国，为英国后来的反法西斯战争保存了强大的有生力量。

敦刻尔克大撤退刚结束，丘吉尔首相就在下院发表演讲："盟军达成了解救的奇迹，靠的是坚持与完美的纪律，靠着无瑕的执行任务，靠着临机应变，靠着技巧，靠着我们全体展现的无比的忠诚。战争不是靠着撤运打赢的。如果我们全都尽忠职守，如果没有丝毫疏忽，而且如果像目前一般做最好的准备，我们将会再度证明，自己能够防卫我们的海岛家园，克服战争的风暴，消灭暴政的威胁。"

英法联军的全面撤退，加速了法国的败降，6 月 5 日，希特勒发布了

进行"历史上最大一次战役"的命令。随着一声令下,从阿布维尔到莱茵河上游一线的600公里横贯法国北部的战线上,德军的飞机、大炮和坦克一齐开火,地面部队分两路向巴黎推进。6月17日,法国的贝当元帅请求停战,昔日不可一世的法国竟在短短40天里就遭到亡国的命运,这样在欧洲战场上就只剩下英国在孤军奋战。

希特勒下令停止进攻敦刻尔克之谜

关于希特勒命令部队停止前进的原因,是一个不解之谜。后来史学家众说纷纭,莫衷一是。但总的概括起来,大致有以下几个原因:其一,从政治上看,希特勒想与英国议和,放走英军便于谈判。其二,从军事上看,德军装甲部队连续作战,过于疲劳,需要休整,同时英军困守的是一片沼泽地带,不利于装甲部队作战。其三,当时的德国空军司令戈林想为空军争功,他向希特勒保证,德国空军会紧缩海边阵地,可以完成包围英法联军的任务。其四,希特勒大概认为进攻的速度太快,停止西线战斗,以巩固新的领土,稳扎稳打。

第六节　英国与第二次世界大战（下）

法国投降后，整个欧洲大陆基本上都落入法西斯的魔爪，英国面临着空前的压力，但此时首相丘吉尔抱定了誓死抗战的决心："法国的战斗结束了，英国的战斗就要开始了。英国的前途如何在此一举，如果这场战争失败，全世界将陷入黑暗"。

（一）不列颠之战

1940年6月22日，法国向德国投降后，北起挪威南迄西班牙的全部西欧海岸已被德军控制。英伦三岛陷入三面被围的困境，形势岌岌可危。希特勒在胜利面前得意忘形，根本不把英国放在眼里，他让德国的外交代表们通过梵蒂冈和瑞典等中立国向英国提议，只要承认德国在欧洲的霸权，归还德国的殖民地，大英帝国将保留其在欧洲以外的全部势力范围，但这些媾和建议都被丘吉尔严词拒绝。

"和平攻势"失败后，恼羞成怒的希特勒终于做出了对英作战的决定，于7月16日下达了代号为"海狮计划"的侵英方案。按照这个计划，德军将在航空兵的配合下强渡英吉利海峡，登陆后向西、向北发起进攻，包围伦敦，占领英国。该计划原定于8月中旬开始实施，但因船只准备、后勤供应方面的许多困难，不得不一再推迟。德国军方认为，既然渡海登陆条件尚未成熟，不如先从空中进行袭击，夺取制空权，为实施"海狮计划"创造条件，同时破坏英国的军事经济实力和国家管理体系，逼迫英国政府就范。

8月13日,德国空军对英国本土的军事设施发动大规模的空袭,著名的"不列颠之战"正式打响。对于英国来说,这是关系到国家生死存亡的一场战斗。

一开始,德国空军每天出动近千架轰炸机,把致命的炸弹投向英国空军基地和雷达站,英军的空军、机场与通信设施遭到严重损失。但是在遭到近两个月的狂轰滥炸后,英伦三岛依旧岿然不动。德军不仅没有实现歼灭英国空军主力的目标,首都柏林反倒在8月24日晚上遭到了英国皇家空军的空袭,在这种情况下,希特勒改变了作战方针,他下令德国空军对伦敦等大城市的民用设施进行轮番的大规模轰炸,想用野蛮的空袭来瓦解英国人民的斗志,迫使英国投降。

9月7日傍晚,300多架德国轰炸机在600多架战斗机的保护下从不同航向、不同高度越过英吉利海峡直扑伦敦。很快,德国的飞机群就像一把大伞一样罩住了伦敦市人口最稠密的地区,近300吨的高爆炸弹、燃烧弹雨点般倾泻而下,伦敦顿时成为一片火海。大大小小的工业设施、交通枢纽、电力网络、平民住宅以及议会大厦相继被毁,爆炸声、坍塌声、呼救声、惨叫声以及警车、消防车的呼啸声伴着黑烟直冲云霄。

此后近两个月里,伦敦平均每天遭受200架德机的轰炸,大量工厂、码头和铁路枢纽被毁,无数

◎空袭过后

居民被炸死、炸伤。但恐怖吓不倒英国人民，为了保卫祖国的心脏，他们主动参加对敌机的监视工作，当敌机来袭时，立即发出警报，教堂的大钟同时敲响。高炮部队一旦发现敌机，就实行"弹幕射击"，击落了一架又一架德机。

到9月15日上午，伦敦的空战进入最高潮，德军集结了最大力量的机群。当德机飞来时，英国皇家战斗机迫不及待地像匕首一样直插德机编队，顿时把德国机群搅成了"一锅粥"。英国飞行员各自为战，向着德国轰炸机猛烈开火，德机顿时方寸大乱，不多久就纷纷冒着黑烟坠下云端。地面上的高射炮也向德机发出愤怒的炮弹，不时有飞机被击中后发出惨烈的爆炸声。当日德机被击落185架，其他飞机也是千疮百孔，弹痕累累，而英国只损失了26架飞机。这是"不列颠之战"中具有决定性意义的一次战斗，它大大挫伤了德国空军的锐气。后来，英国把9月15日定为"不列颠战役日"，每年都进行纪念活动。此后，德机对英国的空袭进入低潮。10月12日，希特勒不得不宣布将"海狮计划"无限期推迟。

（二）阿拉曼战役

有"食尸兽"之称的意大利军队借英国陷于对德空战的机会出兵非洲，占领英属索马里和肯尼亚等地。在1940年12月9日，英军两个师发起反攻，击溃了意大利的军队，除收复部分失地外，还于1941年2月占领利比亚，俘虏意军13万人。

鉴于意军处境危急，本来不愿过早卷入非洲战场的德国决定增援意大利。1941年2月，德国名将隆美尔率"非洲兵团"开赴北非。从3月底开始，隆美尔几次向英军发起猛烈攻势，英军屡战屡败。

8月4日，丘吉尔首相飞抵开罗前线视察。6日，他改组了中东司令部，任命指挥过敦刻尔克撤退的将军蒙哥马利为第八集团军司令。蒙

◎英国陆军元帅，战略家，军事家蒙哥马利

哥马利出生于伦敦一个牧师家庭，曾入英国皇家军事学院学习，第一次世界大战时晋升为中尉，此后一帆风顺，步步高升。蒙哥马利对下属知人善任，没有前任的失败主义情绪。他飞抵开罗后，便立即撤销前任一切有关撤退的命令，同时命令部队"就地据守，与阵地共存亡"。

蒙哥马利上任后，改变了原先的战略和战术。他不再把兵力和装备投入绞肉机式的连续厮杀，而是谨慎地保存起来，以逸待劳。他不断向伦敦要兵力和补给，准备发动一次决定性的反攻。

在英军养精蓄锐时，隆美尔却越发焦躁不安。虽然轴心军竭力增援阿拉曼前线，但补充速度远远比不上英军。因此，等待的时间越长，德军的处境越危险。无奈中，德军送来一份刚缴获的英军地图，上面详尽标出了英军的阵地、布雷区和细沙区，隆美尔大喜，决定于8月30日发起进攻。隆美尔没想到，他中了英军的计谋，原来缴获的地图是英军精心伪造的，布雷区被画成无雷区，细沙地被画成粗沙地。德军迂回主力陷入雷区和沙区，行进速度大为延迟。天亮后，掌握制空权的英国空军猛烈轰炸了德军装甲部队，德军大量的坦克与大炮被毁。隆美尔陷入进退维谷、骑虎难下的境地，被迫在9月2日上午下令退兵。

德军进攻受挫后，士气低落，后勤供应日益艰难，而英军则继续养精蓄锐，为最后的决战做准备。10月23日晚，英军1200门大炮突然开火，弹炮齐发，阿拉曼战役正式打响。英军对德意联军的南北两线发起猛

第七章 英国与两次世界大战

烈的进攻,北线的英军主力在强大的炮火和空军的支援下,很快突破了敌军的防线。在英军强有力的进攻下,隆美尔的军队溃不成军,一片混乱,大量坦克、装甲车被击毁,军队伤亡惨重。到11月1日,德军全线崩溃,隆美尔不顾希特勒让其死守的命令,率领残军向西溃逃。

胜利的消息传到英国,举国一片欢腾,久已深寂的教堂也响起了庆祝胜利的钟声,阿拉曼战役的胜利彻底扭转了北非战局,蒙哥马利本人也因此声名远播,在战后晋升为英国陆军元帅,出任英军总参谋长,还被授予子爵的爵位。

> **蒙哥马利为什么被称为"沙漠跳鼠"?**
>
> 1942年8月蒙哥马利正式接管英国第八集团军任司令。同年10~11月,蒙哥马利组织军队向德军发动了阿拉曼战役,一举击溃德国"非洲军团",扭转了北非战局。随后又挥师乘胜追击,率领第八集团军与盟军配合于1943年5月在突尼斯全歼北非残敌。蒙哥马利由此声誉大振,被人们称之为捕捉"沙漠之狐"隆美尔的猎手,誉名"沙漠跳鼠"。

(三)大反攻与胜利的到来

1943年5月,英美联军彻底歼灭了北非的德意军队,7月10日,16万英美盟军正式实施西西里登陆战役,经过两天的激战,盟军全部登陆,占领了西西里岛南部。9月3日,意大利政府与盟军签订停战协议,9月8日,意大利正式宣布投降。

1944年6月6日,一支由英、美、加拿大和自由法国军团组成的庞大军队在阴风冷雨中强渡英吉利海峡,在法国的诺曼底海岸登陆,开始了盟军解放欧洲大陆的伟大进程。8月份,法国巴黎被解放,战争迅速向德国境内推进。

盟军从 9 月中旬起分兵几路向德国边界挺进，但因德军顽强抵抗，盟军的进攻很是艰难，到 1944 年 10 月，盟军才攻占第一个德国城市——亚琛。1945 年 3 月 23 日，美、英主力部队开始强渡莱茵河。

4 月 30 日，苏军占领柏林的国会大厦，当天下午，希特勒在总理府地下室自杀身亡。5 月 7 日，在设在兰斯的艾森豪威尔将军总部，德国陆军元帅阿尔弗雷德·约德尔在德国向同盟国无条件投降的文件上签字，欧洲战场上的战争正式结束。

8 月 15 日中午，日本昭和天皇通过电台宣读了日本无条件投降的《停战诏书》，9 月 2 日，在东京湾的美国军舰"密苏里"号甲板上，日本代表正式向盟军签署投降书，第二次世界大战至此以德、意、日法西斯的彻底失败，盟国的全面胜利而告终。

英国虽然取得了大战的最后胜利，但其实力又一次遭到严重削弱。在战争中，英国牺牲了 33 万士兵，6 万多平民在德军的轰炸中丧生，英国的军费耗费了 200 多亿英镑，花光了大部分黄金和美元储备。在军事上一向号称"海上霸主"的英国，在此时也只能让位于迅速崛起的美国海军。

第七节 一代贤相——丘吉尔

第二次世界大战在战火硝烟中终于结束了，在经受了空前的苦难、抚摸着战争创伤的同时，英国人民不会忘记带领他们走向胜利的人。无论是战时，还是战后，人们只要看到他的身影，听到他的声音，就会平添起信心和勇气。他就是英国的一代贤相——温斯顿·丘吉尔（Winston Churchill）。

（一）早年生涯

1874年11月30日，丘吉尔出生在英格兰牛津郡一个声名显赫的贵族家庭，他是家中的长子。他的祖先马尔巴罗公爵约翰·丘吉尔是英国近代史上著名的军事家和政治家，在对法战争中屡立战功，为英帝国争夺海上霸权立下了汗马功劳。他的父亲伦道夫·丘吉尔担任过英国财政大臣，母亲是美国一个富翁的女儿。

童年的丘吉尔是个管不住的淘气鬼，学习也一塌糊涂。7岁时父母把他送入詹姆斯教会学校，那是一家专收富家子弟的寄宿学校，对学生惩罚严厉。丘吉尔一到那儿，就产生了厌恶情绪，经常惹是生非，被学校的老师认为是标准的差等生。

14岁参加哈罗公学的入学考试时，丘吉尔在考拉丁文时只把名字写在试卷上，另外还写了一个号码"1"，对拉丁语一窍不通的他就这样交了白卷。不过丘吉尔还是被录取了，因为他的历史、英语、作文等科目

◎年轻帅气的丘吉尔

都十分出色，只是他被分在了所谓的"差班"。丘吉尔在学校里差劲的表现，让他的父亲伤透了脑筋。

丘吉尔从小就崇拜拿破仑和自己的祖先马尔巴罗公爵，渴望能像他们那样去开创一番大事业。1893年，经过三次考试，他终于考进了赫斯特军事学院。在军校里，丘吉尔如鱼得水，彻底摆脱了差等生的帽子。军校注重实用的课程，教学方法灵活，这使自幼爱好军事游戏的丘吉尔很快适应了军校生活，他对许多训练项目很有兴趣，尤其是练就了一身过硬的马术本领。1894年他毕业时，在160名学员中，学业名列第十，从哈罗公学的差等生一跃成为军校的优等生。军校毕业后，这位初露军事才干，又有贵族家庭为后盾的军官，被安排在第四骑兵团任职。

从1895年到1900年，他以军官和战地记者的身份，先后参加过英国在古巴、印度、苏丹的军事行动。在英布战争中，丘吉尔被布尔人俘虏后又成功逃脱，几乎使他成为"英雄"。同时，在军事生活之余，他把大量时间用来如饥似渴地阅读著名历史学家吉本、马考莱的著作，以及其他如柏拉图、达尔文等的论著，很快成为一个学富五车、才华横溢的青年楷模。在军旅生涯中，丘吉尔学会了吸烟，手中握有粗粗的雪茄成为他日后独有的标志形象。

（二）政坛常青树

1899 年是丘吉尔人生中的一个转折点。他以保守党候选人的身份参加议员竞选，开始了漫长的政治生涯。第二年，他成功被选入下院。这期间，丘吉尔在政治上扮演一位自由主义者的角色。1904 年，由于不同意保守党的保护关税政策，他退出保守党，加入了自由党。1906 年，自由党在大选中获胜，丘吉尔首次入阁，担任殖民副大臣。以后几年，他担任过商务大臣、内政大臣，并于第一次世界大战前夕的 1911 年出任海军大臣。他上任后即对海军部进行改组，建立了海军总参谋部，使海军拨款达到历史最高水平，同时他还命令海军作战部队处于常年戒备状态。1914 年 7 月，萨拉热窝事件发生后，丘吉尔未等英国政府对德宣战，便下令海军实行总动员。

第一次世界大战爆发初期，丘吉尔一手策划了达达尼尔海峡的加利波利半岛战役，可惜时运不佳，加利波利之战持续八个多月，结果英军损兵折将，无功而返。丘吉尔在来自各方面的攻击下，被迫于 1915 年 5 月辞去海军大臣职务。

不甘寂寞的丘吉尔在下野两年后的 1917 年 7 月，又出任劳合·乔治政府的军需大臣，他在任内力主革新，还一直关心新式武器坦克的使用。他深谋远虑，在"一战"还未结束时，他已在考虑战后如何继续进行社会改革，及早恢复国内的经济和稳定社会秩序的问题了。

到 20 世纪 20 年代，丘吉尔的政治生涯出现波折。1922 年，他被免去了内阁大臣的官职，1923 年他又在下院补选中失利，并退出了自由党。几经波折，1924 年他重新加入保守党。1924～1929 年，他出任内阁的财政大臣。他对保守党领袖在对待印度人民争取独立问题上表现"软弱"十分不满，为此，于 1931 年 1 月退出了由保守党控制的"国民内阁"。从此，直到第二次世界大战爆发，他再没有出任过政府要职，处在"政治上的低潮期"。

（三）临危受命

作为一代伟人，丘吉尔在对法西斯崛起的问题上表现出他的远见卓识，他坚决反对张伯伦推行的绥靖政策，主张对德意侵略者实行坚决遏制和抗击的强硬政策。为了共同对抗德国法西斯，丘吉尔主张暂时放弃意识形态的纷争，化敌为友，调整同社会主义苏联的关系，和苏联结成反纳粹的"大联盟"。

1938年慕尼黑会议前后，丘吉尔坚决反对牺牲捷克斯洛伐克而向战争狂人希特勒乞求和平。《慕尼黑协定》签订后，当张伯伦回国受到一片赞誉时，丘吉尔对这个协定进行了谴责，认为英国在慕尼黑"遇到了一次完全、彻底的失败"，指出这是"一次欧洲最大的灾祸"。1939年9月1日，德国入侵波兰，英法被迫对德宣战，张伯伦的绥靖政策在严酷的现实面前彻底破产，此时，一贯主战的丘吉尔声望大振，进入改组后的张伯伦内阁，任海军大臣。他领导海军，在大西洋和纳粹德国进行了激烈的战斗。

1940年5月10日，希特勒调兵西进，对荷兰、比利时、卢森堡等国和法国发动突然袭击。当天，张伯伦在一片责难声中下台，丘吉尔出任首相兼国防大臣。不久，前线战局急转直下，纳粹德国的势力席卷整个西欧，

◎丘吉尔的经典照片

1941年1月27日，丘吉尔来到唐宁街10号的一个小隔间拍摄照片。然而，抽着雪茄的丘吉尔显得过于轻松，跟摄影师卡特所设想的领导神韵不符，于是卡特走上前去，把雪茄从这位领袖的嘴里拿开。丘吉尔吃了一惊，就在他怒视卡特的一刹那，卡特按下了快门。这张照片成为丘吉尔照片中最经典的一张。

并准备入侵英国本土，英国处于民族存亡的严重时刻。

在这历史的紧要关头，身为首相的丘吉尔临危不惧，在就职演说中发出了坚定的誓言："我没有别的，只有热血、辛劳、眼泪和汗水贡献给你们。……你们要问，我们的目标是什么？我可以用一个词来回答：'胜利！'不惜一切代价争取胜利，不论多么任重道远也要争取胜利！因为没有胜利就不能生存。"丘吉尔断然拒绝了希特勒的"和平"建议，领导英国人民进行保卫英伦三岛的战斗。

这些掷地有声的誓言使丘吉尔成为世界反法西斯斗争的公认领袖之一，同时也极大地激发了英国人民的勇气，鼓舞了英国将士的斗志。在此后五年多的时间里，英国军民在以丘吉尔为首的战时内阁的领导下，与法西斯势力展开了殊死的搏斗，不仅使英伦三岛免遭纳粹铁蹄的蹂躏，而且还为争取第二次世界大战的彻底胜利立下了不可磨灭的功勋。

（四）文坛名人

丘吉尔不仅是一位卓越的政治家和军事家，还是一位著作等身的作家，他的著作有《伦道夫·丘吉尔勋爵传》《世界危机》和《英语国家史略》，每部著作出版后都在英国和世界上引起轰动，好评如潮，被翻译成多国文字在世界各国广为发行。

退休后，他将大量时间和精力投入著述。其中，根据其亲身经历撰写的六卷本《第二次世界大战回忆录》特具史料价值。1948年此书第一卷问世时，伦敦出现了空前的购书热潮，短短几个小时内数十万册便被销售而空。1953年，丘吉尔被封为爵士，获嘉德勋章，同年获诺贝尔文学奖。

1965年1月24日，伦敦的清晨一早就下起了小雨，绵绵雨丝陪伴着时年90岁的已经身患中风、昏迷不醒的丘吉尔走完了人生的最后一程。

专题　名门名将——蒙巴顿勋爵

（一）皇家将才

作为"二战"期间同盟国方面的主力国，英国军队为反法西斯战争的胜利做出了卓越的贡献，在战争中也涌现出一批足智多谋、个性鲜明、能征善战的著名将领，蒙巴顿将军就是这样一位声名卓著的战将。

蒙巴顿1900年6月25日出生于英国的温莎城堡（House of Windsor）。他的父亲巴登堡（Battenberg）亲王路易斯，原系德国王室成员，后放弃德国国籍，参加英国皇家海军，母亲为维多利亚女王的孙女赫茜·维多利亚公主。由于英德相互仇恨，1917年英国皇室决定将自己德国化的称谓改变之后，巴登堡家族也决定将姓氏改为更英国化的蒙巴顿（Mountbatten）。

"一战"期间蒙巴顿因其德国血统备受排斥，不佳的境遇极大地刺激了他的进取心，他一改往日悠闲贪玩和懒散的毛病，刻苦攻读，进步飞速。1916年年初蒙巴顿以优异成绩从达特茅斯海军学院毕业，先赴"雄狮"号战列巡洋舰上见习，后至"伊丽莎白女王"号战列舰任职。1919年蒙巴顿进入剑桥大学补习大学课程，他是学生会辩论委员会委

◎蒙巴顿勋爵

员，曾在辩论比赛中领导剑桥大学队力克牛津大学队，以能言善辩蜚声剑桥。

在1939年第二次世界大战爆发时，蒙巴顿已经是"凯利"号驱逐舰舰长，蒙巴顿率该舰多次参加战斗，先后击沉多艘德军战舰。1942年3月，蒙巴顿出任联合作战司令部司令和英国参谋长委员会成员，随同丘吉尔参加重要战时会议，充当顾问，被授予海军中将军衔。

蒙巴顿的每一步晋升都会招致各种各样的猜测和议论。那些久经风浪的皇家海军官兵曾这样在背地里议论："难道要把价值数千万英镑的战舰交给一个生下来就带有军官臂章的皇家小崽子吗？这太不可思议了！"蒙巴顿必须用自己的行动证明，他的能力的确比其他皇家海军军官更优秀，而蒙巴顿真的用行动证明了这一点。

(二) 收复缅甸

1943年8月，年富力强、朝气蓬勃的蒙巴顿勋爵由于统领三军协同作战的出色能力和智慧，被任命为东南亚战区盟军总司令，军衔升至海军上将。当时，东南亚战区的日军为"死守"缅甸，拼凑了8万多的兵力，准备以攻固守，反守为攻。

盟军虽在兵力上占优势，但大部分军队是缅甸防御战失败后退守印度的部队。这些部队士气消沉，又因疟疾流行，部队减员很快。针对这种情况，蒙巴顿对东南亚盟军的作战思想作了明确规定：当日军在丛林地带实施侧翼包围战术时，盟军应坚守阵地而不能向补给线方向撤退，补给问题通过空投解决；他还组织成立热带病专家医疗咨询小组，增设战地医院及增派战地医生以解决疫病问题。为平衡与美国方面的作战分歧，蒙巴顿不辞辛劳，多方协调，亲自主持制定了"以攻对攻"的作战方略，显示出高超的统帅才能。

蒙巴顿很善于鼓舞士气，他极端蔑视高级司令部人员不与前线官兵接触的现象，所以他能放下王室成员的架子，经常深入所属部队视察、访问、发表演讲，同各级军官和士兵会面、交谈，让每一个部属都认识他、了解他，从他身上获取力量和信心。从而，他在官兵中享有崇高的威望。

1943年12月，盟军率先从缅甸北部发动攻势，揭开了收复缅甸战役的序幕，但是在中部战线，日军集中主要兵力先于盟军发起进攻，又利用丛林掩护，实施侧翼迂回，对盟军造成重大威胁。蒙巴顿当机立断，命令中部战线暂取守势，阻止日军进攻，消耗日军的有生力量。同时蒙巴顿指挥盟军在南线加强攻势，并向日军中部战线后方实施空降作战，袭击敌人的交通线，使日军陷入首尾难以兼顾、两翼受敌的困境。此时，蒙巴顿乘机发动全面进攻，日军防线崩溃。在这次战役中，日军损失5万余人，彻底丧失了战场主动权。

此后，蒙巴顿又制定和发动了收复缅甸的"吸血鬼作战计划"。盟军经过浴血奋战，于1945年5月攻占仰光，1945年9月，蒙巴顿在新加坡接受东南亚日军的投降。蒙巴顿因战功被封为"缅甸的蒙巴顿伯爵"。乔治国王为王室成员中能有人凭着自己的功绩而获得这个荣誉感到特别愉快。由于蒙巴顿只有女儿，没有儿子，英王还做出了一个不同寻常的决定，准予蒙巴顿的两个女儿继承爵位，以免使这一荣誉在蒙巴顿身后中断。

（三）政坛功绩

1947年2月1日，蒙巴顿在伦敦正式接受了大英帝国驻印度总督的职务，针对当时印度教和伊斯兰教矛盾日益尖锐，印度分裂已经不可避免，他在1948年6月提出以印巴分治为基础实现印度独立的"蒙巴顿方案"，为英国站好了在印度的最后一班岗。

蒙巴顿回到英国后，长期在海军任职。1952年，他任地中海舰队总司令，1953年2月，晋升为正式的海军上将，1955年3月出任皇军海军参谋长兼第一海务大臣。

1965年6月蒙巴顿退出现役，1979年8月27日，他乘坐的游艇遭爱尔兰共和军布置的炸弹袭击，不幸遇难。英国政府为蒙巴顿举行了隆重的国葬。

蒙巴顿戎马生涯50年，他能在同辈人中出类拔萃，最重要的一点是他有别人无法相比的敬业精神。从13岁入海军学校那一天起，他就决心将自己的毕生奉献给海军事业，尽管他的理想多次被打断，但这种矢志不渝的精神，决定了他在其他方面也能取得巨大的成就。蒙巴顿有显赫的贵族地位，经济上也很富有，但这些都没有成为他的枷锁，他一生兢兢业业、恪尽职守，终于成就一番伟业。

第八章

当代英国的发展

　　"二战"以后,英国原本庞大的殖民帝国土崩瓦解,在国际关系中,英国更是沦为美国的陪衬。但是英国的衰落是相对的,英国还在继续发展,英国战后工党与保守党交替执政,通过福利国家的建设,大大缓和了社会矛盾,但也给国家财政带来巨大的负担。撒切尔夫人执政后,以严厉的自由化市场化措施实现了英国经济的复苏,之后的布莱尔政府更是以灵活实际的改革政策为英国的发展注入了一缕清风。

第一节　分崩离析的大英帝国

（一）国力衰微

英国虽然在第二次世界大战中又一次赢得了战胜国的地位，但战后整个英国沉浸在一片对英国国力衰微的惶恐不安之中。在这场战争中，除了巨大的人员牺牲与军费支出外，英国国内资本因舰船和建筑物方面的损失达40多亿英镑，另外，海外投资减少了10多亿英镑，英国还积欠了30多亿英镑的外债，战前的黄金和美元储备亦丧失殆尽。庞大的国力消耗造成严重的通货膨胀，英镑的购买力在1944年只有1914年的40%。1947年英国又发生经济危机，全赖美国的"马歇尔计划"的及时援助，才得以勉强渡过难关。

丘吉尔在1952年7月哀叹道："曾经是伟大辉煌而今仍然相当可观的英帝国，以它的威力、尊严、统治地位和权力，竟然不得不担心我们是否能支付每月的开销。这种现象确实悲惨。想到这点，我心如刀割。"

英国的军事力量与经济状况一样，也是江河日下。第二次世界大战期间，英国海军力量损失惨重，其综合实力已让位于迅速崛起、风头日进的美国海军，昔日不可一世的海上霸主每况愈下，降为一个海军二等国。1951年，往日作为龙头老大的英国委曲求全加入了以美国为首的北约，从此只能充当美国众多军事伙伴中的一员。

（二）印度独立

日不落帝国皇冠上最亮的明珠——印度的独立，成为英国殖民体系倒塌的第一步。印度民族主义领袖甘地在1942年发动第四次非暴力不合作运动，提出英国人"退出印度"，全印轰动，狂热群众很快突破了非暴力的底线，自发的暴力活动风起云涌，强烈冲击着英国在印度的殖民统治。

大战结束后，印度经济困难重重，失业人数倍增，物价飞涨，农作物歉收，饥荒蔓延。1945年至1946年年初，印度的孟买、加尔各答、德里、白沙瓦等城市相继爆发了大规模的罢工和游行示威。随着群众运动的发展，印度军队也加入了反英斗争的行列，1946年2月，孟买港的印度水兵发动了武装起义。起义虽然遭镇压失败，但却震动了英国殖民当局。英国见印度独立的风潮已经不可阻挡，便决定顺水推舟让印度自治乃至独立。但在此时，由于宗教纷争，印度当地的印度教徒与伊斯兰教徒矛盾加剧，发生严重的教派冲突，英国见局势不可收拾，恨不得马上离开这个是非之地，扔掉这烫手山芋。

英国新任总督蒙巴顿在1946年6月3日，考虑各方因素，提出了著名的"印度独立方案"，即"蒙巴顿方案"，按照这一方案，印度可按居民宗教信仰，分成印度教的印度斯坦国家和伊斯兰教的巴基斯坦国家。两国分别自治，并都在英帝国内有自治领地位。巴基斯坦由东、西

◎圣雄甘地

两部分组成，原来的印度各土邦可自行选择加入印、巴任何一个自治领。

7月，英国议会下院正式通过"印度独立法案"。8月14日，巴基斯坦自治领宣布成立，穆斯林联盟领袖真纳任总督。8月15日，印度自治领成立，蒙巴顿任总督，尼赫鲁任总理。随着此后不久英军的撤离，英国结束了在印度长达近200年的直接统治。1950年印度改自治领为共和国，但仍留在英联邦内。巴基斯坦于1956年改为共和国，并于1972年1月退出英联邦，割断了与英国的联系。英帝国曾经在印度的那段"美好"时光，只能留在怀旧的英国人的记忆里。

（三）分崩离析

在印度独立运动进行的同时，英国在东南亚的殖民地也发生了声势浩大的民族独立运动，1946年9月，缅甸爆发了空前规模的全国政治大罢工，其他地方的武装斗争也此起彼伏。英国见其在缅甸的殖民统治已无法继续，被迫于1947年10月同意缅甸独立。1948年1月，缅甸联邦宣告成立，并退出英联邦。1945年8月，马来亚抗日武装经过艰苦的斗争肃清了境内顽抗的日军，解放了自己的国土，没想到9月5日，25万英军以接受"日军投降"和"维持秩序"为名，卷土重来恢复了殖民统治，并把新加坡从马来亚中分离出去。此后在马来亚人民长期的抗争下，马来亚于1957年8月终于在英联邦内获得独立，1965年8月新加坡成立共和国。

往日沉寂而落后的非洲经过"二战"的洗礼，民族意识已大大增强，并涌现了以黄金海岸（今加纳）的恩克鲁玛为代表的一批新型的非洲政治领袖。非洲民族解放的阵阵浪潮，最终摧毁了英国殖民帝国大厦的根基。1957年3月黄金海岸今加纳宣布在英联邦内独立，成为撒哈拉沙漠以南的非洲第一个获得独立的国家。

面对亚非拉殖民地一浪高过一浪的独立运动，英国当局曾千方百计地加以镇压和阻挠，但是"无可奈何花落去"，大英帝国终究江河日下，风光不再，再也无力维持控制殖民地所需的巨大的费用。第二次世界大战结束时，英国的海外殖民地和保护国（不包括自治领）总面积达1400多万平方公里，人口在5亿左右，而到20世纪80年代，只有少数几个小岛和城市仍然处于英帝国的控制下，面积不超过10万平方公里，人口只有数百万。面临殖民地已丧失殆尽的情况，英国政府的殖民机构也寿终正寝。1966年7月31日，殖民部被取消，将所存无几的殖民地与保护国事务交由联邦关系部接管，1968年10月16日，联邦关系部被并入外交部。

第二节　国有化、福利国家与英国病

1945年7月到8月，美、英、苏三国在柏林附近的波茨坦举行首脑会议，当时英国正在举行大选，丘吉尔在会议进行中因参加竞选而中途回国，不想一去不复返，丘吉尔的保守党在大选中落败于工党。等大选结束后波茨坦会议复会时，回到会议桌旁与罗斯福、斯大林谈判的已经是工党新首相艾德礼了。

（一）忘恩负义的选民

1945年5月纳粹德国投降，欧洲战争结束，英国战时内阁也寿终正寝，议会大选正在紧锣密鼓地进行。在大多数人眼里，由战胜法西斯的英雄统帅、威望如日中天的丘吉尔领导的保守党定会赢得这次大选。伦敦《金融时报》描绘说："直到最后一分钟，整个伦敦城对于保守党人的胜利依然抱着乐观的心情。"连工党人士也对这次大选忧心忡忡，甚至有人批评本党领袖急于参选是自讨没趣。

然而，最后的选举结果却让世人大跌眼镜：工党获得全国47.6%的选票，赢得393个议会席位，保守党只得到了213个席位。据说，得知自己大选失败的消息时，丘吉尔正在洗澡，他故

> **丘吉尔如是说**
>
> 带领英国人民走向胜利的丘吉尔却被抛弃了，他后来引用古希腊作家普鲁塔克的话说："对他们的伟大人物忘恩负义，是伟大民族的标志。"

作平静地对送信人说："选民们可以选择，这就是民主，我们正是为这一点，才浴血奋战的。"丘吉尔对大选失败是毫无思想准备的，他领导英国取得胜利，他的战时内阁虽说是联合政府，但保守党是政府的主干，发挥了最大的作用，这是谁都知道的事实。然而，战争尚未结束，保守党却在大选中失败了！

工党的胜出、保守党的失败绝非偶然，丘吉尔是位有远见的政治家，但他这次没有看出国内民情的变化。随着战争接近尾声，胜利的曙光就在眼前，人们把注意力转向了未来，民生成为选民最关心的问题。在竞选期间，工党领袖四处奔走，在1945年提出了自己的竞选宣言《让我们面对未来》，除了提出在很多部门实行国有化外，最得人心的是提出要完善国民保健、实行全面的社会保险，这些主张让中下层选民憧憬万分，纷纷把选票投给了工党。而保守党的竞选纲领缺乏新意，丘吉尔还在演说中拿意识形态说事，耸人听闻地警告人们要提防出现"社会主义的盖世太保"。

（二）工党的社会改革

国有化是工党执政期间极为重要的政策，为了使国家能更有效地干预经济，保证经济的健康发展，工党制定了完善的国有化方案。在1946年，工党政府首先把英格兰银行收归国有，迈出了大规模国有化的第一步。同年8月，欧洲航空、南美航空等航空公司由国家接管经营。随后，煤炭、电信部门、运输和电力工业、钢铁工业相继完成国有化。

建设福利国家是工党执政期间最为关键的社会改革措施，为了兑现大选中给选民的承诺，上台后的工党政府马上着手建立全面的社会保障体系。英国的"福利国家"建设经历了漫长的历史发展道路。早在伊丽莎白一世时期，英国建立了"济贫制度"。济贫制度以教区为单位实行救济，每个人都要交纳济贫税，济贫制度为社会的弱者提供了最低限度的社会保障，保障了他们的生存权。工业革命以后，自由放任思想甚嚣尘上，济贫制度受到削弱与动摇。在工人阶级的抗争下，1911年，自由党政府制定了《国民保险法》，由各种社会团体，包括工会、合作社、互助会以互助的方式为社会成员提供社会保障。

英国工党政府执政后相继推出两项重要的社会立法——《国民保险法》与《国民医疗服务法》作为福利制度的奠基石。1946年通过的《国民保险法》规定除了学校学生、养老金领取者、已婚妇女和年收入低于104英镑的个体经营者外，一切有收入的人都必须定期交纳保险金，这样才能享受到失业救济金、退休金、寡妇救济金、监护人津贴与丧葬补贴等经济资助。

《国民医疗服务法》规定除该法明文规定的收费项目外，其他医疗服务一律免费，对全民实行免费医疗，一旦生病，即可就医，从而避免了疾病的威胁。

住房也是社会福利的一个重要方面。工党政府克服劳动力和原材料短缺的困难，在1945～1951年共建成住房90.2万套，大大缓解了战后住房匮乏的状况。

1948年，英国首相艾德礼宣布英国已建成福利国家，一两年后得到了西方舆论界的承认。经历漫长的发展阶段之后，英国终于建立了一个全面系统的福利保障体系。

（三）英国病

福利国家需要大量资金，资金来源于三个方面：国家、企业和个人。但归根结底，所有资金都来自英国国民。为维持福利制度的运作，资金的需求会越来越大，税收也会越来越高，从而影响企业的效率，也影响个人的收入。当支付福利制度的资金达到国民生产总值的一定比例时，就会影响国家的经济发展。从20世纪60年代起，英国这个问题逐渐凸显出来，1959～1964年，公共开支已达到国内生产总值的三分之一，而其中除国防支出外，福利开支是最大的一个项目。1950年，英国财政的福利支出是103亿英镑，到1979年增加到近500亿英镑。为弥补巨额的财政赤字，英国政府只得不断地发行政府债券与加征个人所得税，结果导致通货膨胀与高技术人才外流。而众多国有化的企业普遍经营不善，利润下降，人浮于事，也成为社会很大的负担。

在此背景下，从20世纪60年代起，英国的经济走走停停，高通货膨胀率与失业率并存，经济发展速度长期落后于其他西方发达国家。1974年上台的工党威尔逊政府只能放弃过去的"社会主义"政策，转而采取大幅度削减公共开支的方法，以求减少赤字。然而，上述措施没有遏止经济的进一步恶化，英国病的问题一直到撒切尔夫人主政后才得到有效的治理。

第三节　英国"铁娘子"——撒切尔夫人

2000年6月在一次为癌症病人慈善募捐的网上拍卖会上，英国前首相撒切尔夫人的一个黑色手袋经过60多次竞标最终以10万英镑的价格被一个富商买去，这个数目是普通英国人年薪的5倍。相比之下，当时英国首相布莱尔的妻子雪莉的手袋只筹得490英镑。撒切尔夫人在英国的影响力可见一斑。

（一）谁说女子不如男

玛格丽特·撒切尔父姓罗伯茨，她在1925年10月13日出生于英格兰林肯郡格兰森市，父亲是杂货商，母亲是裁缝，家境小康，父母是虔诚的英国国教信徒。撒切尔的父亲对她影响很大，他靠辛勤的劳动和强大的毅力从杂货店小商人一跃成为格兰森市市长，成为家乡有名望的政治人物。父亲虽没有受过正规教育，但他通过自学达到了较高水平。他谙熟英国历史与现状，博闻强记，还长于言辞，能言善辩，极具演说家的风采，成为女儿崇敬和学习的好榜样。

在父亲的影响下，玛格丽特

> **撒切尔上台**
>
> 1979年5月4日，玛格丽特·撒切尔率领保守党在竞选中获胜，她踏上唐宁街10号的台阶，对其支持者说出了著名的一段话："混乱处我们带来和谐，错误处我们带来真实，怀疑处我们带来信任，沮丧处我们带来希望。"

从小便对政治十分感兴趣,青少年时代的她每天都要阅读《每日电讯》《卫理公会纪实》等社会政治类报刊。"二战"初期,年仅14岁的她便开始外出巡回宣传,给街头巷尾的民众朗诵爱国主义诗歌。

玛格丽特在学习上也表现出惊人的天赋,10岁获奖学金进入当地有名的女子文法学校读书。中学毕业后,考入牛津大学萨默维尔学院,攻读化学。在大学她积极参加政治活动,1946年当选牛津大学保守党协会主席,毕业时,获理科学士和文科硕士学位。

从牛津大学毕业后,玛格丽特进入英国一家航空公司,在塑料部进行塑料表面张力研究。1951年,玛格丽特结识了一家油漆商行的经理丹尼斯·撒切尔,同年与他结婚,后来就改用夫姓。与此同时,玛格丽特放弃了塑料材料研究员的职业,开始攻习法律,通过律师资格考试,成为税务法官议事室的见习员。1953年她加入林肯法学协会,成为一名出色的律师。

玛格丽特的事业刚刚起步,有着政治野心的她就开始步入政界。1949年,她被推举为林肯郡达特福市选区保守党议员候选人,由于这个选区受工党控制,她在两次大选中均遭失败。在1959年大选中,她终于在芬奇莱市选区当选下院议员。她的政治家潜能在此得到了充分的发挥,在议会辩论和社会活动中,撒切尔反应机敏,灵活果断,逐渐崭露头角。1961年10月,她被任命为年金和国民保险部政务次官。

保守党在1964年大选中失败,沦为在野党,但撒切尔保住

◎ "铁娘子"撒切尔

了她在议会中的席位。1964～1970年，她先后充当保守党影子内阁社会保障、经济财政、运输和教育事务发言人，这些经历充分锻炼了她的政治活动能力。

1970年，保守党在大选中获胜，撒切尔夫人出任教育和科学大臣。她主张优先发展基础教育，反对把文法学校改为综合学校。她的主张受到一些人的强烈反对。在这期间，她的名声毁誉参半，《太阳报》甚至把她描绘为"英国最不受欢迎的女人"。

1979年5月4日，英国新一轮大选结果揭晓，保守党取得决定性胜利。撒切尔夫人在丈夫丹尼斯的陪同下应召晋见女王伊丽莎白二世，受命组建新政府，成为英国历史上第一位女首相。

（二）卓有成效的"市场化"改革

撒切尔夫人接手的是一个烂摊子，英国国力在"二战"后持续下降，在西方世界工业生产的比重由1948年的10%降到4%，英镑的信誉也是一落千丈。英国财政被日益庞大的社会福利开支压得不堪重负，政府债台高筑，通货膨胀日益严重，企业利润率也持续下降。不巧在当时又遇到一场严重的经济危机，英国国民生产总值一下出现了4%的负增长，失业人数高达300万，工人的罢工、示威活动此起彼伏，英国出现了战后最严重的经济与社会危机。

撒切尔夫人临危不惧，上任后连出重拳，逐渐扭转了经济局面。她首先对通货膨胀问题开刀，撒切尔夫人及其支持者按照货币主义理论，采取控制货币供应量，削减公共开支，提高银行利率和调整英镑汇率等措施，有效地控制了通货膨胀。

与此同时撒切尔夫人大力推进国有企业私有化。撒切尔夫人强调国有企业效益低下，官僚主义抑制了企业活力和个人首创精神，加重了政府财政负担，耗费了纳税人的钱财，因此，私有化被撒切尔政府当作经济政策的核心。从 1979 年到 1990 年，私有化运动逐步推进，将大批的国有企业的股份出售给私人资本，或承租给私人经营。到 20 世纪 80 年代末，英国国有企业的 40% 已经私有化，60 余万名职工从国有企业转为私有企业职工。私有化不仅增加了政府收入，减少了政府开支，同时也提高了企业的经营效率。

面对让财政不堪重负的社会福利难题，撒切尔夫人实行住房私有化，减少政府用于资助住房建设的费用，同时削减用于医疗卫生、教育等方面的开支。社会福利改革的主导方针是改变这一制度原来的"普遍性"原则，实行"选择性"原则，即只有确实贫困和确有需要者才可以享受，避免其演化为"取勤养懒"的不公平结果。经过调整改革，社会福利在政府开支中的比重得到削减，1987 年比 1980 年下降了 10 个百分点。

由于撒切尔夫人切实推行了上述政策，英国经济逐渐摆脱长期停滞不前的状况，收到了显著效果。在 1983～1987 年 5 年中，经济年平均增长率达到 3.3%，打破战后最高纪录。通货膨胀率从 1980 年的 21% 下降至 1987 年的 3%。由于这些卓越政绩，撒切尔夫人在 1983 年和 1987 年的大选中连连获胜，得到了国内外的广泛赞誉。

落寞晚年

自从丈夫丹尼斯去世以来，本来就疾病缠身的撒切尔夫人几乎停止在公开场合露面。与撒切尔夫人有 30 年交情的老朋友琳达·麦克道佳尔在《星期日泰晤士报》上写道，她被撒切尔夫人的变化"震惊"了："这么多年来，我一直羡慕她的那股自信，但是现在，我从她身上看到的是恐惧和不安。她自己也感觉到了这些变化，她感到恐惧，因为她想要阻止这些变化却又无能为力。"

（三）黯然下台

撒切尔夫人的市场化改革，受益的大多是富人，而穷人则在紧缩政策造成的失业中深受其苦，怨声载道。撒切尔夫人执政头四年，失业人数增加了 200 万，居欧洲发达国家之首。至 1990 年，英国有 750 万人生活在贫困线以下，约占全国人口的七分之一。低收入者最感恼火的是撒切尔夫人在 1990 年强制征收人头税，舆论界和工党批评她对下层群众缺乏同情心，一些地方甚至发生了激烈的社会骚乱。

撒切尔夫人在欧洲共同体推进货币、经济一体化中一贯强调英国的特殊地位，总是奉行强硬的抵制作风，引起了保守党内很多元老与内阁要员的不满。在 1990 年 11 月 20 日保守党领袖选举中，撒切尔夫人虽然在首轮选举中得到 204 票，但面对党内外各方压力，撒切尔夫人被迫退出竞选，并辞去保守党领袖和首相的职务，由撒切尔夫人的得意门生财政大臣梅杰继任。11 月 28 日上午 9 点半，撒切尔夫人离开了唐宁街 10 号的首相府邸，含着眼泪对围观送行的人们说："女士们，先生们，我们度过了非常好的 11 年半后将最后离开唐宁街。"

撒切尔夫人在位 11 年，的确是有所作为的，她发动了一场以市场化为核心的"撒切尔革命"，从而在英国开创了一个"撒切尔时代"。

"铁娘子"称号的由来

撒切尔夫人曾以对苏联的强硬态度著称，她认为苏联是英国的主要威胁，潜在的敌人。她出任保守党领袖后在 1976 年 1 月发表了一篇题为《英国觉醒了》的讲话，在讲演中，撒切尔夫人指责苏联这个军事超级大国正日益对英国和世界造成战略威胁，她号召英国必须加强防务，并在世界范围内建立联盟。苏联的官方通讯社——塔斯社讥讽她是"铁娘子"，漫画中的撒切尔夫人被描绘成一个双脚叉开，骑在扫把上飞越英国下院的"西方的女巫"。没想到撒切尔夫人很愉快地接受了"铁娘子"这一绰号，她说："这是他们对我的最好赞扬，英国正需要一个铁女人。"以此作为自己坚强性格的写照。

第四节　苏格兰问题的历史缘由

英国全称为"大不列颠及北爱尔兰联合王国",从名字就可以看出,英国是由多个部分联合组成的。英国虽然完全占有大不列颠岛,但这个岛屿上的国家却并不是一个统一的政治实体。在近几百年的历史上,英格兰王国、苏格兰王国、威尔士王国以及爱尔兰王国通过各种途径合并在了一起,组成了一个联合王国。后来,爱尔兰岛南部独立,北部仍然属于英国。20世纪70年代以来,苏格兰民众的民族情绪也在发酵,独立的呼声日渐高涨。

(一)　苏格兰与不列颠王国

与英格兰合并之前,苏格兰是一个独立王国,占有不列颠岛北方约三分之一的土地面积。和英格兰人相比,二者在种族上有一定差别:苏格兰人是凯尔特人的后裔,使用盖尔语和低地苏格兰语;而英格兰人即所谓的"盎格鲁－撒克逊人",则是日耳曼人的一支。

苏格兰与英格兰的联合还要追溯到1603年,当时伊丽莎白一世女王死后无嗣,这样血亲最近的苏格兰的詹姆士六世继承英格兰王位,即位后在英国称詹姆士一世,开创了斯图亚特王朝的统治。不过苏格兰和英格兰还没有合并,苏格兰还保留自己独立的议会与军队。在克伦威尔统治期间,通过军事战争,强行吞并了苏格兰,但随着查理二世在1660年复辟,苏格兰再次获得独立。

1700年，安妮女王的最后一个孩子夭折。这意味着，一旦安妮女王驾崩，苏格兰和英格兰就没有了共同认可的国王，两个国家这种形式上的联合关系也将告吹。英格兰再次提出"合并"苏格兰的提议，但遭到苏格兰的抵制。随后英格兰议会通过《外国人法案》，提出如果苏格兰不接受英格兰的君主，将封锁苏格兰的进出口贸易。这无疑将极大影响苏格兰贵族的经济利益及其在英格兰的投资安全，而此时苏格兰正在经受严重的经济危机，制裁与封锁只能让苏格兰经济雪上加霜，苏格兰贵族权衡利弊，不得不妥协，终于在1707年与英格兰达成了《联合法案》。根据条约，苏格兰与英格兰从1707年5月1日起合并为一个国家，称大不列颠王国。苏格兰与英格兰的议会合并，但苏格兰保留其法律体系和教会制度。

　　合并以后，苏格兰在1730年至1800年迎来了发展的辉煌时代。这个时期，苏格兰不仅在经济上飞速发展，在其他社会领域也都欣欣向荣。苏格兰人的骄傲——伟大的哲学家休谟和经济学家亚当·斯密也都诞生在这个时代。

（二）苏格兰独立运动的兴起

　　现代意义上的苏格兰独立运动起源于一战后，主张独立的苏格兰民族党在这一时期成立。苏格兰民族独立党（SNP）成立于1934年，其创始人麦克迪米德（Mac Diarmid）是一位用苏格兰语写作的诗人。自成立伊始，其宗旨始终是致力于推动苏格兰彻底独立。

　　20世纪70年代，英国在临近苏格兰的北海发现了石油资源丰富的油田。从此，英国由石油进口国变成石油出口国。苏格兰民众并不满意英格兰借着联合王国的名义占有油田开发所取得的巨大利益。在不断进行独立运动的过程中，苏格兰取得了独立发行货币，使用当地民族语言，拥有独立司法和教育系统等权力，自治空间越来越大。1974年，苏格兰民族党破天荒地在英国国会拿到七个席位。

面对持续不断的苏格兰独立运动，20世纪80年代，英国时任首相撒切尔夫人领导的保守党政府提出一个妥协方案，即允许苏格兰拥有地区议会，但是中央政府保留取消该议会的权力。1997年，布莱尔所领导的工党上台执政，苏格兰的议会重建有了实质性进展。同年9月，在苏格兰举行的一次全民公决中，74%的人投票赞成设立苏格兰议会，1998年《苏格兰法案》获得通过。1999年5月，苏格兰举行首次议会选举，选出了129名苏格兰议员，任期四年。至此，苏格兰议会控制了苏格兰地区除国防、外交、税收权力之外其他的一切权力。

已经解散300年的苏格兰议会得到恢复后，工党顺利成为新成立的苏格兰议会中的第一大党，一时风头无两。此时，苏格兰民族党进入了苏格兰议会，谁也没有想到，短短十几年局势发生了如此大的变化。

2007年，工党的新任首相布朗上台后不久，在英格兰和苏格兰合并300周年之际，苏格兰民族党在苏格兰议会的席位就超过了工党，苏格兰民主党党魁萨蒙德（Alex Salmond）成为苏格兰首席大臣，尽管当时萨蒙德就曾考虑公投，但当时民族党在苏格兰议会的129个席位中仅占47席，没有取得一半以上的议席，无法使公投法案顺利通过。2011年，苏格兰民族党终于获得了议会绝对多数的席位，萨蒙德随即抛出了在五年内苏格兰独立公投的施政目标。

当时的卡梅伦政府尽管可以直接拒绝苏格兰的公投请求，但考虑到这样可能会更加激发苏格兰民族主义情绪，英国政府表态"不会阻止苏格兰人民就独立事宜举行公投"。

2012年10月15日，英国首相卡梅伦同苏格兰首席大臣萨蒙德在爱丁堡签署协议，同意苏格兰在2014年举行公投，让苏格兰人自主决定是否脱离英国。根据协议，公投时间定在2014年秋季，届时所有年满16岁的苏格兰人将就"是否赞成苏格兰脱离英国"这一问题进行投票。将公投时间定在2014年是因为2014年是苏格兰国王罗伯特·布鲁斯战胜英王爱德华二世率领的英国军队的班诺克本战役700周年，萨蒙德认为届时苏格兰的民族情绪可能会高涨。不仅如此，格拉斯哥将于2014年夏天举办英联邦运动会，萨蒙德将作为东道主堂皇登台，无疑给了"独派"以"冲出英伦，走向世界"的大好平台。

（三）惊心动魄的独立公投

2013年3月21日，萨蒙德宣布，苏格兰将于2014年9月18日举行独立公投，以决定苏格兰是否脱离英国独立。萨蒙德当天在苏格兰议会宣布这一公投日期。根据苏格兰选举委员会的建议，公投的问题设计为"苏格兰是否应该成为独立的国家"，答案选项为"是/否"。萨蒙德说："苏格兰的未来将由苏格兰人民来决定"。根据苏格兰政府制订的计划，一旦2014年的公投结果为赞成独立，苏格兰将于2016年3月正式独立。

苏格兰独立公投于当地时间2014年9月18日上午7点展开，苏格兰三百多万合格选民来到各地投票站投下可以左右苏格兰乃至英国前途的选票，投票于当天晚上10点结束，随即开始计票。

9月19日凌晨1点30分左右，第一个公布计票结果的选区是克拉克曼南郡，这个选区53.8%的选民反对独立。随后的一个多小时，计票结果显示，统派阵营连续在4个选区获胜。第一个赞成独立票占多数的选区是邓迪市，赞成率达到57.4%。随后，在斯特灵、阿伯丁等选区，统派阵营都以较大优势获胜。凌晨5点左右，苏格兰最大的城市格拉斯哥的投票结果揭晓，赞成独立的人数达到53.5%，独立派挽回了一些票数，但仍然大幅落后。5点20分左右，32个选区中的26个选区计票结果出炉，统派阵营已稳操胜券。清晨6点，苏格兰首府爱丁堡计票结果显示，61.1%的选票反对独立。最终,"统派"赢得55%的选票,赞成独立的选票比例为45%,统派阵营险胜。

在分离主义已经成为国际性问题乃至在许多国家引发流血冲突的当下,苏格兰公投过程毫无暴力因素,民众平心静气地决定国家的未来。苏格兰公投统派获胜的主要原因是大多数苏格兰民众基于历史与现实的利害得失考量。英格兰与苏格兰之间没有历史遗留问题的困扰。两国是在1707年和平结合以来,苏格兰充分分享了"日不落帝国"的光辉与实利。这次公投也显示了大多数苏格兰人的态度:在税收、福利等问题上与中央政府存在矛盾,并没有大到非要通过分离来解决的地步。

尽管苏格兰分离最为危险的时刻已经过去,但苏格兰独立运动并没有就此偃旗息鼓,2014年9月19日,萨蒙德宣布辞去政府首席部长的职务,同时也不会再担任苏格兰民族党领袖。出生于1970年的女议员尼古拉·斯特金继承了萨蒙德的职务,并带领苏格兰民族党接连取得苏格兰议会选举的胜利。

2016年6月,英国全民公投决定脱离欧盟。而苏格兰大多数人选择留在欧盟,他们表现得比英格兰人更有"欧洲心",以62%比38%的投票率支持继续留欧,英国脱欧使得苏格兰与英格兰的分歧再次凸显,要求再次进行苏格兰独立公投的声浪越来越大。

2020年,新冠肺炎疫情的到来给了斯特金展示

苏格兰32区	支持独立%	反对独立%	选区票数	态度
阿伯丁市	41.39	58.61	175745	反对
阿伯丁郡	39.64	60.36	206486	反对
安格斯	43.68	56.32	93551	反对
阿盖尔-比特	41.48	58.52	72002	反对
克拉克曼南郡	46.20	53.80	39972	反对
丹弗里斯-加洛	34.33	65.67	122036	反对
邓迪市	57.35	42.65	118729	支持
东艾尔郡	47.22	52.78	99664	反对
东丹巴顿郡	38.80	61.20	86836	反对
东洛锡安	38.28	61.72	81945	反对
东伦弗鲁郡	36.81	63.19	72981	反对
爱丁堡市	38.90	61.10	378012	反对
弗尔柯克	46.53	53.47	122457	反对
法夫	44.95	55.05	302165	反对
格拉斯哥市	53.49	46.51	486219	支持
高地	46.85	53.15	190778	反对

◎苏格兰各地独立公投结果

其领导才能的机会。在整个抗疫过程中,苏格兰政府通常比英国中央政府更为谨慎。在公众对流行病处理的看法上,英国政府的声誉已经远远落后于苏格兰。根据益普索2020年的报告显示,有72%的苏格兰人认为斯特金对疫情的处理非常好或相当好。相比之下,只有25%的人给鲍里斯·约翰逊类似的正面评价。

约翰逊政府的抗疫不力让苏格兰人失望,尽管苏格兰政府可以制定自己的公共卫生政策,但是像调动军队、边境管制等事务仍然在英国中央政府管控下,而新冠肺炎疫情将两者的分歧进一步暴露出来,独立派的声量越发高涨,未来就苏格兰独立问题,苏格兰民族党与英国中央政府之间必然会交织着复杂而激烈的政治博弈。

第五节　牡蛎中的沙粒：英国与欧洲大陆的历史纠葛

对于英国与欧洲大陆的关系，丘吉尔曾经有过一句名言："我们同欧洲在一起，但不是其组成部分。我们对它感兴趣，同其联系交往，但不能被并入或同化。"

（一）光辉孤立情节

英国与欧洲大陆若即若离的关系首先基于英国在欧洲独特的地理位置，英伦三岛隔英吉利海峡与欧洲大陆分离，除了1066年诺曼征服和第二次世界大战的不列颠空战之外，英国一直免于欧洲大陆国家对英国本土的直接攻击。

在中世纪时，英格兰王国和欧洲大陆关系密切，12世纪时，英格兰国王作为诺曼底公爵在法国的领地居然比英国本土大好几倍，法语长期作为英格兰贵族之间通用的语言。1337~1453年，英格兰为保有其在法国的领地与法国进行了长达一个世纪的英法百年战争，并一度在1420年占领巴黎，英格兰国王亨利六世也就此坐上法国国王的宝座，但在以圣女贞德为代表的法国民众的反抗之下，英国军队节节败退，其势力逐渐退出法国。

此后英国只好专心经营不列颠岛自身事务，在思想文化方面也清除法国的影响，形成了有别于欧洲大陆的民族文化。在制度上英国和欧洲大陆的区别集中反映在法律制度方面，与欧洲大陆法系偏重于法典相比，英国在司法审判原则上更"遵循先例",即作为司法审判的先例对其后的案件具有法律约束力,因此英国的普通法也被称为习惯法。

19世纪中期,英国率先完成工业革命,成为世界上第一个工业化国家,英国国力大增,成为欧洲乃至世界的头号强国,此时英国皇家海军所向披靡,殖民地遍布全球,号称"日不落帝国"。在欧洲事务方面,英国仰仗自身强大的国力,把维持欧洲各大国关系的均势(Balance of Power)作为其外交政策的核心。在打败拿破仑之后,英国全面推行"光荣孤立"政策,即英国不同欧洲大陆国家订立长期盟约,置身于欧洲事务之外。英国外交大臣索尔兹伯里对此形象地解释说:"英国的政策是从容地顺流漂去,偶尔伸出船篙,以免触礁。"

到19世纪末20世纪初,英国逐渐丧失了"世界工厂"的工业垄断地位,实力相对下降,面对新崛起的德国咄咄逼人的挑战,英国被迫放弃"光辉孤立"政策,逐步与法国、俄国结盟,但是英国在"同盟条约"中宣称只承担"有限责任","有限责任"一方面强调英国对欧洲大陆事务所担负的道义及关系其切身利益的现实责任;另一方面也强调了英国历史与地理的特殊性。第一次世界大战后,德国战败,法国成为欧洲大陆最强大的国家,英国继续实行传统的"均势"外交,采取"扶德抑法"的政策,帮助德国恢复国际政治地位与经济实力,牵制法国。

(二)从拒斥到融合

第二次世界大战期间,在法国被纳粹德国占领,欧洲大陆除了苏联之外几乎都被德国控制的情况下,英国全面与美国结盟,建立了英美特殊关系。"二战"结束后,法国和联邦德国结束了敌对关系,全力推动欧洲一体化进程,而英国则对此置若罔闻。在1958年由法德主导的欧共体成立后,英国延续了其对欧洲大陆事务的超然态度。

英国非但不参加法德等六国所筹建的"欧洲煤钢联盟"（European Coal and Steel Community，欧共体的前身），还联合欧洲七个小国于1960年组成"欧洲自由贸易联盟"（European Free Trade Association）与之唱对台戏。但由于各成员国经济发展水平参差不齐，又实行松散的政府间合作，很难与欧共体相抗衡。1972年年底，英国退出该联盟。

到20世纪60年代，英国的国际地位与实力急剧下降，英国在亚非地区的殖民地纷纷独立，大英帝国名存实亡，美国也并不像英国那样看重英美特殊关系，而欧共体已经取代英联邦其他国家，成为英国最主要的贸易对象。在欧共体各成员国通过市场整合都享受到一体化的益处后，英国出于经济利益的考虑，只得向欧洲大陆靠拢。1961年7月，英国终于做出了申请加入欧共体的决定。

但以法国为代表的一些欧共体国家对英国的疑忌由来已久，出于对英国入盟动机和影响的疑虑，法国先后于1961年和1967年两次否决了英国的入盟申请。1969年，坚决反对英国入盟的法国总统戴高乐下台，为平衡在欧共体内部实力不断上升的联邦德国，法国才勉强同意接纳英国入盟，英国在1973年成为欧共体的正式成员国。

（三）"留欧"与"脱欧"之争

加入欧共体之后，英国国内各党派对欧洲一体化问题的争议从未结束。1979年5月，作风强硬的撒切尔夫人上台后，对于欧洲一体化要求各成员国出让经济贸易主权的议题，予以坚决反对。1989年9月20日，撒切尔夫人在比利时的欧洲学院发表演说，主张建立一个独立主权国家的联合体，反对联邦主义的目标。撒切尔政府在欧洲一体化问题上的不妥协态度不仅激起欧共体其他成员国不满，也遭到反对党工党的指责，甚至导致保守党内部的严重分歧。面对保守党内部强大的反对声浪，撒切尔夫人被迫在 1990 年 11 月宣布辞职。

撒切尔夫人的继任者梅杰调整了对于欧洲一体化的政策，梅杰主张逐步加入欧洲共同市场，但是拒绝加入欧洲单一货币体系。他希望在欧洲一体化的浪潮中为英国争取更多的国家利益，但又极力避免英国担心的欧洲联邦式"超国家"的出现。梅杰也无法弥合党内在欧洲统合问题上的分歧，并最终导致其在 1997 年大选中败给工党。

1997 年上台的英国工党布莱尔政权改变了以前英国政府僵硬的对欧政策，提出了"融入欧洲，领导欧洲"的口号，并积极介入欧洲事务。但布莱尔政府仍然强调英国在欧洲的特殊地位，不愿意为推进欧洲一体化而出让英国的经济主权。英国始终拒绝参加在欧盟国家之间开放边境的《申根协定》，1999 年元旦，11 个欧盟成员国统一货币建立欧元区，英国成为欧盟唯一一个没有加入欧元区的大国成员。

2009 年年底，以希腊为代表的欧盟部分成员国爆发主权债务危机，欧洲一体化进程出现严重波折，直接增加了英国对欧洲一体化的离心力。2010 年 5 月，以卡梅伦为首的英国保守党—自民党联合政府上台，英国政府坚决反对欧元区国家"集欧盟之力"解决债务危机。此后，英国国内"脱欧"的舆论声浪愈演愈烈，卡梅伦政府面临如何应对英国民众"脱欧"诉求的压力。

2013 年 1 月 23 日，卡梅伦就英国与欧盟关系前景发表讲话，表达了英国对非欧元区国家遭受欧债危机拖累的不满以及对欧洲一体化进程可能损害英国利益的担忧。他表示如果获得连任，英国将于 2017 年之后就是否退出欧盟举行全民公投。2015 年 5 月 8 日，在新一届大选中，保守党大获全胜，赢得过半议会席位，卡梅伦成功连任首相。卡梅伦连任后，英国"脱欧"公决立即列入了新政府的施政时间表。2016 年 2 月 20 日，卡梅伦宣布，英国将于 6 月 23 日就英国是否继续留在欧盟的问题举行全民公投。"脱欧"公投于2016年6月23日上午7点开始。此次投票持续15小时,公投结果将直接影响英国未来是否留在欧盟。最终的计票结果,支持脱欧选民票数为17176006票,占总投票数52%。支持留欧选民票数为15952444票,占总投票数48%。

(四) 一波三折的脱欧进程

随后卡梅伦宣布辞去英国首相职务,特蕾莎·梅继任首相职务。2017年3月16日,英国女王伊丽莎白二世批准"脱欧"法案,授权特蕾莎·梅正式启动脱欧程序。2017年3月29日,特蕾莎·梅启动《里斯本条约》第50条,向欧洲理事会主席图斯克提交了正式的"离婚"文件,拉开了两年脱欧进程的大幕。然而这两年多以来,脱欧进程一步步陷入泥潭。在与欧盟的谈判过程中,"分手费"、爱尔兰边界和欧盟国民在英国的公民权利成为双方不断纠缠的三大核心矛盾。

2018年7月12日,英国已经发布脱欧白皮书,特蕾莎·梅表示,这将为脱欧进程提供一个有原则性且有实践性的方向。2018年11月25日上午,欧盟除英国外的27国领导人齐聚布鲁塞尔举行峰会,峰会的议题是对于英国脱欧协议草案进行表决,会上一致通过了英国"脱欧"协议草案。但英国政坛内部对于脱欧的协议争执不断,在2019年,英国议会下议院接连三次否决了首相特蕾莎·梅修订过的脱欧协议,迫使特蕾莎·梅在2019年6月7日黯然下台,7月24日,曾任外交大臣的鲍里斯·约翰逊接任特蕾莎·梅,成为英国首相,继续英国"脱欧"进程。

2020年1月31日23点,英国正式脱离欧盟,向47年的欧洲盟友说再见,也为历时3年多的脱欧历程画上句号。当天22点,英国首相约翰逊发布了预先录制好的电视讲话。他说:"今天晚上我们将离开欧盟。""这是黎明破晓时刻,大幕升起,将上演新华章。"他还说,50多年后，欧盟的发展方向已经不适合英国。他能够理解人们对于脱欧的不同情感，而政府的职责是团结整个国家，向前迈进。政府将把希望和机会带到英国的每一个角落。2020年12月31日23点，英国退出欧盟单一市场和关税同盟，英国"脱欧"过渡期正式结束，英国和欧盟从此分道扬镳，正式分手。

英国脱欧纪念币

英国脱欧可谓是英国近一个世纪以来最重大事件之一，英国于2020年1月31日正式发行"脱欧"纪念币一枚，由英国皇家造币厂铸造。该纪念币为50便士，约合4.6元人民币，英国首批发行大约300万枚脱欧纪念币，当年年内还将增发700万枚。英国"脱欧"硬币采用七边形设计，面值为50便士，并在币面标注英国正式"脱欧"日期和"与所有国家共享和平、繁荣与友谊"的英文字样。

专题　英国王室

（一）虚位国君、国家的象征

英国的政治制度自《大宪章》经过数百年的发展，国王的权力越来越小，到 19 世纪，国王实际上只剩下三种权力：被咨询权、警告权和奖励权。国王是国家元首，同时也是拥有诸多殖民地的大英帝国以及后来的英联邦的象征，被称为"虚位君主"。他们"临朝不理政"，听命于议会，没有实权。

既然不再是专制君主，老百姓只把他当作国家和民族的象征看待。一切与国王有关的礼仪，如加冕、结婚等也都变成全国的节日。君主的生日就是英国国庆日，英国的国歌迄今仍是《天佑吾王》。国王不仅必须服从宪法，而且在行为举止和私人生活上也必须符合人民心目中较高的文化和道德准则。1701 年通过的《王位继承法》规定：国王即位后要宣誓效忠国教，并极力维护英国国教徒继承王位的法律。在婚姻问题上，国王受到的限制更多，国王与什么人结婚，常常是关系到英国与别国结盟或结怨的大事，也关系到占居民大多数的国教徒的命运。根据惯例，王室子女必须与本系贵族（都是他们外国血统的表亲）联姻，到第一次世界大战期间，他们才开始与英国的一般贵族通婚。

（二）王位与爱情

到 1936 年，突然冒出一个国王——爱德华八世，妄想打破宪法对他的限制，自作主张决定娶一个离过婚的平民女子为妻，结果掀起一场轩然大波。

爱德华八世是英王乔治五世的长子，18岁时进入牛津大学读书。"一战"期间，爱德华八世参军入伍，在军队中任参谋，虽然身临战场但因在后方，风险倒也不大。

战后，个性鲜明、放荡不羁的爱德华先后迷上赛马和飞行，他的身影经常出现在训练场上，他为人平和，很受英国民众的欢迎。1931年，在一次宴会上，爱德华王子与生于美国的沃利斯·辛普森邂逅，虽然当时辛普森夫人已经结过两次婚，但爱德华王子还是很快被这个37岁的女人深深迷住了。据辛普森夫人后来写的回忆录表述："唯一能说明他对我感兴趣的原因也许在于我那美国人的独立精神、我那直率、我那自以为具有的幽默感，以及我对他和与他有关的每件事的乐观或好奇……他是孤独的，也许我是第一个洞察他内心深处孤独感的人。"此后，两人就开始了半公开的情人关系，在高尔夫球场、赛马场、剧院里经常看到他们成双入对，人们对此议论纷纷。因两人关系日益亲密，沃利斯·辛普森在1935年正式和丈夫办理了离婚手续，有了与爱德华王子长相厮守的打算。

1936年1月，乔治五世去世，爱德华王子顺利即位，称爱德华八世。这时身为英国国王的他面临着婚姻问题的抉择，作为英国国教的领袖，必须遵守国教的教义，迎娶辛普森这位已经离过两次婚的女人做王后，英国教会是万万不会同意的。尤其不巧的是，这时德国纳粹迅速崛起，辛普森夫人还和一些德国高官有密切的私人关系，英国民众绝对不会接受这样一个女人成为他们的王后。

在多次交涉未果之后，爱德华八世决定以逊位来完成这桩亘古未有的婚姻。顶着来自皇室、首相以及新闻界的各种压力，爱德华八世于1936年12月10日发表广播讲话，宣布逊位，让位于弟弟乔治六世。

1937年3月8日乔治六世为其兄长、前国王创建了一个名衔——温莎公爵。同年6月3日，温莎公爵跟辛普森在法国举行了低调的私人婚礼，英国王室的成员没有出席。

（三）伊丽莎白二世

伊丽莎白二世是国王乔治六世的长女，她生于1926年4月21日，从小接受严格的宫廷教育并参加各种社会活动。1940年，伦敦不列颠空战中，为安全起见，她被送往偏远的温莎城堡宫。1940年10月，伊丽莎白回到伦敦，在白金汉宫的房间里发表了她的第一次广播演说。她自信地对世界各地的儿童说，英国儿童"满怀喜悦和勇气"。大战结束前，她参加了英军的妇女支队，受过汽车司机和机械师的训练，曾被授予"近卫军第一联队上校队长"军衔。

战争期间，她邂逅了金发碧眼、英俊潇洒的希腊亲王菲利普王子。菲利普当时是一位海军军官，父亲是希腊的亲王，也是印度总督、海军上将蒙巴顿勋爵的外甥。菲利普为迎娶伊丽莎白，主动加入英国国籍，并放弃了王子的头衔，改用他母亲的姓氏蒙巴顿。随后国王封他为爱丁堡公爵。1947年11月20日，他们在威斯敏斯特教堂举行了盛大的婚礼，结成伉俪。

伊丽莎白婚后一年喜得贵子，顺利生下了查尔斯王子。此后，她的大部分时间是做一位贤妻良母。1952年2月5日，乔治六世突然病逝，一下把

◎温莎公爵夫妇

她推向风口浪尖,伊丽莎白连忙从非洲的度假地赶回英国,继承王位。1953年6月2日,英国女王伊丽莎白二世举行加冕典礼。在世界各地,英国与英联邦国家数以亿计的民众在电视机前收看这一空前盛况,她那雍容华贵的举止,以及盛大庄严的场面,给人们留下了难以忘怀的印象。

在位50多年来,君主制度繁文缛节的约束,使伊丽莎白二世变得含蓄、沉稳,但她并不因循守旧,而是对王室旧规加以适当改革。如把皇家教堂改成画廊,定期向公众开放;在宫中设立新闻秘书,以多种形式向公众介绍王室情况;她还时常步行于人群中,给臣民以和蔼可亲、平易近人的印象。

◎伊丽莎白二世与菲利普亲王的加冕照

1993年11月20日,皇家行宫温莎堡突然起火,几幢古老建筑被毁坏,一些贵重的艺术品、古董被烧毁。此后就高达6000万英镑的修复费用,保守党认为应用政府财政开支,而工党则坚持由富有的王室支付,两党之间的激烈争论,进而引发了女王应不应该纳税的问题。

英国政府负担王室开支以及王室成员收入免税的制度已延续了160多年,但近年来政界和民间要求王室纳税的呼声越来越高,温莎堡大火进一步引起了公众对这一问题的关注。在关系到公民切身利益的问题面前,女王审时度势,欣然表示王室将照章纳税,并承担温莎堡的修复费用。随后她下令开放温莎堡,门票收入用来修复被毁部分。这一举动不仅使保守党和工党僵持不下的争论得到缓解,而且还受到国内外舆论界的一致好评。

1993 年年底女王实现了自己的诺言,首次向国家纳税。《星期日泰晤士报》1994 年 4 月 9 日公布的英国最富的 500 人名单上,伊丽莎白二世名列第二。伊丽莎白即位早期,国内的新闻媒体对王室处处恭维、褒扬,但随着媒体市场化与自由化的发展,新闻界为吸引读者眼球,开始挖空心思找王室的丑闻,大加渲染。1997 年 8 月 31 日,戴安娜王妃因车祸身亡,更让英国王室被人们议论为千夫所指的幕后黑手,以致引发了一场关于是否有必要保留英国君主制度的争论。

但时至今日,据民意调查显示,大多数英国人还是赞成保留君主制度的,毕竟王室承载着英国太多的历史文化与精神素养——这也是英国王室的魅力所在。

附录　英国君主列表

在位时间	姓　名	备注（绰号）
威塞克斯王朝（House of Wessex）		
829～839年	爱格伯特 Egbert	
839～858年	埃塞尔沃夫 Aethelwulf	
858～860年	埃塞尔巴德 Aethelbald	
860～866年	埃塞尔伯特 Aethelbert	
866～871年	埃塞尔雷德一世 Aethelred Ⅰ	
871～899年	阿尔弗雷德大帝 Alfred the Great	
899～924年	长者爱德华 Edward the Elder	长者王
924～940年	光荣者埃塞斯坦 Aethelstan the Glorious	
940～946年	雄者爱德蒙 Edmund the Magnificent	
946～955年	爱德瑞德 Edred	
955～959年	爱德威 Edwy	
959～975年	和平者爱德加 King Edgar the Peaceable	和平王
975～978年	爱德华二世 King Edward Ⅱ the Martyr	殉教王
978～1016年	埃塞列德二世 King Ethelred Ⅱ the Unready	仓卒王
1016年	埃德蒙二世 King Edmund Ⅱ the Ironside	勇敢王

丹麦王朝（Danish Line）		
1016～1035年	克努特大帝 Canute Ⅰ, Canute the Great	
1035～1040年	哈罗德一世（哈拉尔）Harold Ⅰ, Harold Harefoot	飞毛腿
1040～1042年	克努特二世（哈德克努特）Canute Ⅱ Hardicanute	
威塞克斯王朝（House of Wessex）复辟		
1042～1066年	忏悔者爱德华 Edward the Confessor	忏悔王
1066年	哈罗德二世 Harold Ⅱ, Harold Godwinson	权臣戈德温之子
诺曼王朝（House of Norman）		
1066～1087年	威廉一世 William Ⅰ, William the Conqueror	征服者
1087～1100年	威廉二世 William Ⅱ, William Rufus	红发王
1100～1135年	亨利一世 Henry Ⅰ, Henry Beauclerc	儒雅王
1135～1154年	斯蒂芬 Stephen	亨利一世的外甥
金雀花王朝（House of Plantagenet）		
1154～1189年	亨利二世 Henry Ⅱ, Henry Curtmantle	短斗篷王，亨利一世的外孙
1189～1199年	理查一世 Richard Ⅰ, Richard the Lionhearted	狮心王
1199～1216年	约翰 John Lackland	失地王
1216～1272年	亨利三世 Henry Ⅲ	
1272～1307年	爱德华一世 Edward Ⅰ, Edward Longshanks	长脚王
1307～1327年	爱德华二世 Edward Ⅱ	
1327～1377年	爱德华三世 Edward Ⅲ	
1377～1399年	理查二世 Richard Ⅱ	
兰开斯特王朝（House of Lancaster）		
1399～1413年	亨利四世 Henry Ⅳ	

附录 英国君主列表

1413～1422年	亨利五世 Henry V	
1422～1461年 1470～1471年	亨利六世 Henry VI	
约克王朝（House of York）		
1461～1483年	爱德华四世 Edward IV	
1483年	爱德华五世 Edward V	
1483～1485年	理查三世 Richard III	
都铎王朝（House of Tudor）		
1485～1509年	亨利七世 Henry VII	
1509～1547年	亨利八世 Henry VIII	
1547～1553年	爱德华六世 Edward VI	
1553～1558年	玛丽一世 Queen Mary I，Bloody Mary	血腥玛丽
1558～1603年	伊丽莎白一世 Queen Elizabeth I，Good Queen Bess	童贞女王

统一后的英国君主

斯图亚特王朝 House of Stewart		
1603～1625年	詹姆士一世（苏格兰称詹姆士六世）James I	
1625～1649年	查理一世 Charles I	
1660～1685年	查理二世 Charles II	
1685～1688年	詹姆士二世（苏格兰称詹姆士七世）James II	
1689～1694年	玛丽二世和威廉三世（苏格兰称威廉二世）	
1694～1702年	威廉三世（苏格兰称威廉二世）William III	
1702～1714年	女王安妮 Queen Anne	

汉诺威王朝 House of Hannover	
1714～1727年	乔治一世 George Ⅰ
1727～1760年	乔治二世 George Ⅱ
1760～1820年	乔治三世 George Ⅲ
1820～1830年	乔治四世 George Ⅳ
1830～1837年	威廉四世 William Ⅳ
1837～1901年	女王维多利亚 Queen Victoria
萨克森-科堡-哥达王朝 Saxe-Coburg-Gotha	
1901～1910年	爱德华七世 Edward Ⅶ
1910～1917年	乔治五世 George Ⅴ
温莎王朝 House of Windsor	
1917～1936年	乔治五世 George Ⅴ
1936年1～12月	爱德华八世 Edward Ⅷ
1936～1952年	乔治六世 George Ⅵ
1952～2022年	女王伊丽莎白二世 Queen Elizabeth Ⅱ
2022年至今	查尔斯三世